T0304709

العنف الأسري

وتأثيـره على المرأة

ابراهيم سليمان الرقب

2010

دار يافا العلمية للنشر والتوزيع

الرقب، ابراهيم سليمان

العنف الاسري وتأثيره على المراة/ ابراهيم سليمان الرقب

عمان : المؤلف، ٢٠٠٩

( ) ص

ر. أ : (٢٠٠٩/٣/٢٠٣٨) .

الواصفات : / العنف الاسري / الاسرة المرأة العربية

الطبعة الأولى ، ٢٠١٠

دار يــافــا العلمية للنشر والتوزيع

الأردن – عمان – تلفاكس ٤٧٧٨٧٧٠ ٦ ٠٠٩٦٢

ص.ب ٥٢٠٦٥١ عمان ١١١٥٢ الأردن

E-mail: dar_yafa @yahoo.com

فهـرس المحـتـويـات

٤

مقدمة

لقد حث ديننا الإسلامي الحنيف على احترام المرأة وفرض لها من الحقوق ما يحفظ كرامتها الإنسانية من أي اعتداء أو تعدي منذ أكثر من أربعة عشر قرناً وهو بذلك سبق كل المنظمات والدساتير والتشريعات الوضعية وتعتبر ظاهرة العنف ضد المرأة ظاهرة عالمية تعاني منها المرأة في كل مكان وأينما وجدت وإن اختلفت أشكالها فالعنف ضد المرأة لا يعرف حدوداً جغرافية أو حضارية ولا يقتصر على مجتمعات معينة وإنما ينتشر في مختلف الطبقات الاجتماعية وفي المستويات التعليمية والاجتماعية والمهنية المتنوعة والمتعددة.

إزاء ما تقدم فإننا تناولنا موضوعنا – العنف ضد المرأة – من جوانب عدة حيث تناولنا في الفصل الأول ماهية العنف وتاريخه وأشكاله وحجمه، أما الفصل الثاني فلقد تناولنا فيه أسباب العنف ونظرياته ، وتناولنا قي الفصل الثالث علاقة العنف الواقع على المرأة ببعض النظم الاجتماعية وختمنا حديثنا في الفصل الرابع عن آليات مواجهة العنف ضد المرأة.

و اللـه من وراء القصد

المؤلف

الفصل الأول

ماهية العنف

الفصل الأول

ماهية العنف

سنتناول في هذا الفصل مفهوم العنف وتاريخه وجذوره في الفكر المعاصر ونظرياته ويتطلب الأمر منا تقسيم هذا الفصل إلى مبحثين، حيث سنتناول في المبحث الأول تعريف العنف وتاريخه وجذوره، أما المبحث الثاني فسنتناول فيه أشكال العنف وحجمه وأماكنه.

المبحث الأول

المطلب الأول: مفهوم العنف

أولاً: العنف لغة هو "الخرق بالأسر وقلة الرفق به، وهو ضد الرفق واعتنق الأمر أخذه بعنف وهو التقريع واللوم"[(١)].

ثانياً: التعريف القانوني للعنف:

– يعرف العنف من الناحية القانونية بأنه "الاعتداء البدني أو النفسي الواقع على الأشخاص ويحدث تأثيراً أو ضرراً عادياً أو معنوياً مخالفاً للقانون ويعاقب عليه القانون"[(٢)].

---

(١) ابن منظور، جم كر الأنصاري، لسان العرب الجزء ١١، المؤسسة المصرية العامة للتأليف والأنباء والنشر ص ١٦٣.

(٢) العقيد هاني حد دم الدكتور محمد الطراونة، المشروعات البحثية المدعومة، خصائص ضحايا ومرتكبي العنف الأسري في الأردن (دراسة ميدانية تحليلية) ص ١٦.

- ويعرف العنف أيضاً بأنه "الاستخدام الإنساني للقوة بفرض ارغام الغير وإخافته وارعابه، والموجه إلى الأشياء بتدميرها أو إفسادها أو الاستيلاء عليها، ذلك الاستخدام الذي يكون دائماً غير مشروع ويشكل في الأصل جريمة"[١].

- كما يعرف العنف بأنه: "ظاهرة مركبة لها جوانبها السياسية والاقتصادية والاجتماعية والنفسية وهو ظاهرة عامة، تعرفها كل المجتمعات البشرية بدرجات متفاوتة"[٢].

- كما يعرف أيضاً بأنه: "هو الاستخدام الفعلي للقوة أو التهديد لإلحاق الأذى، بينما يرى اتجاه آخر من الفقه أن العنف باعتباره تعبيراً عن أوضاع هيكلية بنيانية، أي مجموعة من المقومات والسمات الكامنة في البيئة الاقتصادية والاجتماعية للمجتمع"[٣].

- كما يعرف بأنه: "استخدام القوة ضد النظام أو القانون ففي القانون المدني، يعتبر سبباً لفسخ العقود، ويحدد على النحو التالي: يكون العنف من طبيعة ممارسة الضغط على شخص عاقل وما يمكن أني وحي بالإكراه مما يعرض شخصه أو ثروته لشر كبير وحالي"[٤].

ثالثاً: التعريف الإعلامي للعنف:

ويعد الجانب الإعلامي جانباً هاماً من جوانب الظاهرة ولكن بالنسبة للتعريف كان له تعريف محدد.

---

(١) محمود سعيد إبراهيم الخولي، العنف في مواقف الحياة اليومية نطاقات التفاعل، دار ومكتبة الإسراء، ط١، ٢٠٠٦، ص ٣٧.

(٢) محمود سعيد إبراهيم الخولي، مصدر سابق، ص ٣٨.

(٣) محمود سعيد إبراهيم الخولي، نفس المصدر، ص ٣٨.

(٤) محمود الخولي، نفس المصدر، ص ٣٨.

يعرف العنف من وجهة نظر الإعلام بأنه هو فعل من شأنه إحداث إصابات أو جروح أو يفضي إلى موت لشخص آخر.

كما يعرف العنف على أنه "أي تهديد واضح باستخدام القوة الجسدية، أو الاستخدام الفعلي لهذه القوة بهدف إحداث أذى بدني لشخص أو مجموعة من الأشخاص، كما يشمل العنف بعض المشاهد التي تصور نتائج ذلك الأذى جسدياً على شخص أو مجموعة من الأشخاص، والذي يحدث كنتيجة لوسائل عنف قد تكون غير معروضة على الشاشة". ومن ثم فإنه يوجد ثلاثة أنواع أساسية من مشاهد العنف تشمل: تهديداً، وسلوكاً عنيفاً، ونتائج ضارة لحادثة عنف وإن لم تظهر على الشاشة[١].

رابعاً: التعريف الاقتصادي للعنف:

أما التعريف الاقتصادي للعنف فهو يختلف عن باقي التعريفات حيث إنه يعرف بأنه: محصلة الفجوة غير المحتملة بين رضا الناس لحاجتهم المتوقعة وبين رضاهم لحاجتهم الفعلية أو بمعنى آخر هو الفرق بين الواقع والمتوقع من الناحية الاقتصادية.

كما يعرف "العنف الاقتصادي على أنه: استخدام القوة الفيزيقية بقصد الإيذاء، والأضرار المرتبطة بالحرمان من الحقوق عن طريق الاستخدام غير العادل للسلطة مزوداً بمعان أخرى تشير جميعها إلى الهجوم والعدوان واستخدام الطاقة الجسدية، ورفض الآخرين بصور مختلفة[٢].

خامساً: التعريف البيولوجي للعنف:

---

(١) محمود سعيد إبراهيم الخولي، مصدر سابق، ص ٣٩.

(٢) محمود الخولي، مصدر سابق، ص ٤٠.

تجري التأثيرات الوراثية، كما هو معروف، بواسطة الخلايا العضوية المعقدة الجينات والتي تمارس تأثيرها على المستوى البيولوجي كما على المستوى الذهني والنفسي، هذا ويتفق أكثر الاختصاصيين "ومنهم كروك **Grook** على سبيل المثال" مع ذلك على نفي تأثير التحولات الجينية في السلوك العدواني، وعلى خلاف ذلك يمكن للفعل العدواني أن يولد تحت تأثير نماذج من التحريض تجعله يبدو وكأنه سمة وراثية. هناك بعض العوامل الفطرية التي توجه السلوك العدواني مثل: رد الفعل والانفعالات والقوى الفيزيائية والنشاط الهرموني ... الخ، ومع ذلك يلاحظ أن بعض السلالات العائدة إلى نوع واحد يمكنها أن تظهر تبايناً كبيراً في مستوى سلوكها العدواني.

حيث أعلن باحثون في نيويورك عام ١٩٩٨ أنهم توصلوا إلى جينات لها علاقة بالعنف والعدوانية والإجرام. فقد عرف العنف البيولوجي على أنه: وجود إصابات في الدماغ أو إصابات أثناء الولادة لدى المرضى الذين يعانون من نوبات العنف الانفجاري الهجومي أو التدميري.

سادساً: التعريفات النفسية والاجتماعية للعنف(١):

- "العنف" هي واحدة من تلك الكلمات التي يعرفها كل شخص منا، وبالرغم من ذلك فمن الصعب تعريفها، وكما استخدمها السيكولوجيون وأطباء النفس والعقل وعلماء التربية والاجتماع والسلوك فهي تغطي مدى واسعاً جداً من السلوك الإنساني. إلا أنه يمكننا القول إن العنف هو وسيلة لإلغاء الآخر. ويصبح العنف بهذا المعنى شكلاً من أشكال الاستبداد وتهميشاً للآخر وإلغاء دوره أو إلغاءه استناداً

---

(١) محمود الخولي، مصدر سابق، ص ٤١ - ٤٤.

إلى ضروب الاستغلال والظلم والعدوان والحرمان والطغيان والفقر والتهميش وعدم المساواة.

- والعنف هو الاستخدام الفعلي للقوة أو التهديد لإلحاق الأذى والضرر بالأشخاص والإتلاف للممتلكات.

- والعنف هو فعل يبالغ في السلوك العدائي أو العدواني يترتب عليه إرسال مؤثرات مقلقة أو مدمرة تحدث أذى نفسياً أو فيزيقياً أو مادياً في الموضوع (بشراً كان أو حيواناً أو موضوعاً مادياً).

- وقد عرفت "لجنة أمريكية" العنف على أنه: سلوك أفراد ضد أفراد آخرين يهددهم أو يوقع بينهم ضرراً فيزيقياً أو يحاول إيقاع هذا الضرر، وأنماط السلوك المدرجة في هذا. التعريف مدرجة إلى حد كبير في تعريفات العدوان.

- ويعرف العنف بأنه: كل فعل مادي أو معنوي يتم بصورة مباشرة أو غير مباشرة ويستهدف إيقاع الأذى البدني أو النفسي أو كليهما بالفرد (الذات - أو الآخر - أو الجماعة) وبما يشمله من مؤسسات مختلفة.

- كما يعرف العنف على أنه: سلوك عدواني بين طرفين متصارعين يهدف كل منهما إلى تحقيق مكاسب معينة أو تغيير وضع اجتماعي معين والعنف هو وسيلة لا يقرها القانون.

- ومن التعريفات الهامة للعنف تعريف "مؤتمر الأبعاد الاجتماعية والجنائية للعنف في المجتمع المصري" وهو أن العنف: كل فعل مادي أو معنوي يتم بصورة مباشرة أو غير مباشرة، ويستهدف إيقاع الأذى البدني أو النفسي أو كليهما بالفرد (الذات أو الآخر)، أو الجماعة أو المجتمع بما يشمله من مؤسسات مختلفة، ويتخذ العنف أساليب عديدة ومتنوعة معنوية كانت مثل التهديد والترويع والنبذ، أو مادية،

مثل التشاجر والاعتداء على الأشخاص والممتلكات والانتهاك الجسدي، أو معنوية جسدية في آن واحد.

- كما يعرف العنف بأنه: الفعل العدواني الذي قد يقوم به الشباب بهدف إلحاق الضرر الجسماني أو إصابة غيرهم من الأفراد داخل الجماعة وخارجها، ومن أمثلة هذا الفعل العدواين الضرب، أو الصفع على الوجه، أو الركل بالقدم، بالإضافة إلى قيام الشباب بتخريب أو تحطيم الممتلكات العامة أو الخاصة سواء داخل الجامعة أو خارجها.

- ويعرف العنف بأنه: كافة التصرفات التي تصدر عن فرد أو جماعة أو مؤسسة بهدف التأثير على إرادة الطرف الآخر لإتيان أفعال معينة أو التوقف عن أخرى حسب أهداف الطرف القائم بالعنف وضد إرادة الطرف الآخر وذلك بصورة حالية أو مستقبلية.

- ويعرف العنف على أنه: استخدام القوة المادية لإنزال الأذى بالأشخاص والممتلكات، فهو كل سلوك - فعلي أو قولي - يتضمن استخداماً للقوة أو تهديداً باستخدامها لإلحاق الأذى والضرر بالذات أو بالآخرين وإتلاف الممتلكات، لتحقيق أهداف معينة.

- وعرفت "منظمة الصحة العالمية" العنف بأنه: الاستعمال المعتمد للقوة الفيزيائية (المادية) سواء بالتهديد أو الاستعمال المادي الحقيقي ضد الذات أو ضد شخص آخر أو ضد مجموعة أو مجتمع، بحيث يؤدي إلى حدوث (أو رجحان حدوث) إصابة أو موت أو إصابة نفسية أو سوء النماء أو الحرمان.

- ويعرف العنف بأنه: السلوك المشوب بالقسوة والعدوان، والقهر والإكراه وهو عادة سلوك بعيد عن التحضر والتمدن، تستثمر فيه الدوافع والطاقات العدوانية

استثماراً صريحاً بدائياً كالضرب والتقتيل للأفراد، والتكسير والتدمير للممتلكات واستخدام القوة لإكراه الخصم وقهره. ويمكن أن يكون العنف فردياً (يصدر عن فرد واحد) كما يمكن أن يكون جماعياً يصدر عن جماعة أو هيئة أو مؤسسة تستخدم جماعات أو أعداداً كبيرة.

المطلب الثاني: نبذة تاريخية عن العنف:

لقد تناول المفكرون الإسلاميون موضوع العنف منذ مطلع مهد الإسلام. حيث جاء ذكره في أحد الأحاديث الشريفة حيث أشار نصه "إن الله رفيق يحب الرفق، ويعطي على الرفق ما لا يعطي على العنف" كما عالجت الكثير من الأحاديث الشريفة هذا المفهوم (العنف) منها على سبيل المثال قوله صلى الله عليه وسلم "لم أبعث طعاناً ولا لعاناً" وقال أيضاً صلى الله عليه وسلم إن وسباب المسلم فسوق وقتاله كفر" وقال أيضاً صلى الله عليه وسلم: "من روع مسلماً روعه الله يوم القيامة" ونهى الرسول عليه الصلاة والسلام أن يشير المسلم لأخيه بحديدة[1].

كما جاء ذكر العنف أيضاً في الشعر العربي القديم في صيغة مفهوم للقوة الشديدة والغلظة، وتناول اللسان العربي هذا المفهوم من خلال تناوله للفظة (عنفوان) حيث تدل هذه المفردة العربية على النشاط والحيوية، وأن النشاط والحيوية شأن شبابي لذا يقتصر هذا السلوك على فئة الشباب من كلا الجنسين، وفي سياق الفكر العربي والإسلامي فلقد تناول ابن خلدون في مقدمته هذا المفهوم (العنف) وأعطاه معنى الخراب والقوة والعنف، كما أشار إليه الفارابي في مدنيته بهذا المعنى أيضاً، ولم تهمل الفلسفة اليونانية هذا اللفظ أو المفهوم في مباحثها فقد

---

(١) د. بنه بوزبون، العنف الأسري وخصوصية الظاهرة البحرينية، المركز الوطني للدراسات، ٢٠٠٤، ص ٢٠.

نظر الفلاسفة فقد نظر إليه الفلاسفة اليونانيون إليه من زاوية دينية حيث ربط العنف ربطاً يتصل بالإفراط والخرق المرتبطين بالآلهة ولم ينظروا إليه نظرة ذاتية كمفهوم بحد ذاته ولذا لا يعثر القارئ في اللغة اللاتينية على أي تميز بين مفهوم العنف وبين مفهوم القوة حيث لا استقلالية لهذا المفهوم مما سبب هذا الأمر التباساً بين العنف ومما في أخرى، جاء ذكر هذه المفاهيم اليونانية عن العنف في كتابات أفلاطون (جمهورية أفلاطون) وفي الكتابات السياسية لأرسطو[1].

إن العنف كما حددته القوانين والدساتير عند تأسيس الدولة الحديثة قد أخذ صيغته الرسمية منذ القرن التاسع عشر، حيث تم تعريفه باعتباره ظاهرة ترمي إلى إحداث خلل في البنية التي تنظم مجتمعاً ما، مما ينتج عنه تهديد نظام الحقوق والواجبات التي يتحكم إليها الأفراد طالما أنهم ينتمون إلى شرعية قائمة، لقد تناول المفكرون الأوروبيون هذا المفهوم في صيغ محدودة واسعة ضيقة ومن بين هؤلاء المفكرين نيتشه حيث قال: "عندما تنتهي الدولة يبدأ الإنسان" ودعى إلى ما أسماه بأخلاق القوة، وأضاف سوريل في كتابه (انطباعات حول العنف) جاء على شكل مقالات نشرت في الحركة الاشتراكية إذ يرى هذا المفكر أن العنف ليس أمراً بدائياً، أو غير مشروع، بل يجده مشروعاً، وبناء على ذلك فقد أخذ هذا المفهوم بعداً جديداً وبداية مشروع يميز بين مفهومي العنف والقوة، إن خلفية هذا التمييز بين المفهومين قائمة على أسس ومفاهيم الفكر الاشتراكي حيث يرى هذا المفكر الاشتراكي أن القوة مفهوم برجوازي بينما يشكل العنف مفهوماً ولائياً، وما يقصد في ذلك أن البرجوازية في سلوكها السياسي تستند على مبدأ السلطة والتسلط من حيث أن طاعة الجماهير الشعبية للسلطة أمر واجب وبناء على ذلك فإن البرجوازي لا يؤمن بمفهوم العنف لأنه يقتنع بمفهوم القوة للسلطة، ولذا فإن الجماهير الشعبية

---

(١) د. بنه بوزبون، مصدر سابق، ص ٢٠.

هي ضحية هذه القوة البرجوازية وبما أن الجماهير الشعبية حقيقة وتحلم بالخلاص من هذا القهر البرجوازي فإن شأنها وهدفها الأساسي هو تحطيم هذه القوة البرجوازية ولذا فإنها تؤمن بمفهوم العنف الثوري الذي يحطم القوة البرجوازية ويقود إلى عودة الحق السياسي إلى الجماهير[١].

"العنف" عند عرب الجاهلية

وقد كان العرب في جاهليتهم يمدحون الاتصاف بأخلاق القوة والبطش، لا بأخلاق الرحمة والعدل. وحسبك أن تعلم أن منهم من قتلوا أولادهم- ولا سيماً البنات – من إملاق واقع، أو خشية إملاق متوقع. وأفظع من ذلك أن يقتلوهم بطريقة الواد.

يقول شاعرهم زهير بن أبي سلمى في معلقته:

ومن لا يذد عن حوضه بسلاحه ... يهدم، ومن لا يظلم الناس بظلم!

فكأن الشاعر بحث الناس على أن يبدءوا هم بالظلم، حتى لا يظلموا، على نحو ما قال من قال: تغد بخصومك قبل أن يتعشوا بك![٢]

وقال شاعر جاهلي آخر في معلقة أخرى اشتهرت، وهو عمرو بن كلثوم:

لنا الدنيا ومن أمسى عليها ... ونبطش حين نبطش قادرينا

بغاة ظالمين، وما ظلمنا ... ولكنا سنبدأ ظالمينا

وفيها:

---

(١) د. بنه بوزبون، مصدر سابق، ص ٢١.

(٢) يوسف القرضاوي، الإسلام والعنف، نظرات تأصيلية،، دار الشروق، القاهرة، ط ٢٠٠٥ ص ١٠- ١١- ١٢.

ونشرب إن وردنا الماء	صفوا	ويشرب غيرنا كدرا وطينا!

وكان مما يساعد على انتشار هذه الأخلاق "العصبية" العمياء، التي تجعل المرء ينتصر لقومه في الحق وفي الباطل، ظاهر قولهم: "انصر أخاك ظالماً أو مظلوماً":

لا يسألون أخاهم حين يندبهم	في النائبات على ما قال برهانا!

وقد وصف أحد زعمائهم بأنه رجل إذا غضب: غضب له مائة ألف سيف لا يسألونه:فيم غضب؟!

فلما أكرمهم الـلـه بالإسلام، أنشأهم خلقاً جديداً، فغير عقائدهم، وغير أفكارهم، وغير سلوكهم. وعلمهم استقامة الفكر، واستقامة الخلق، واستقامة السلوك، وأن يقوموا بالقسط شهداء لله ولو على أنفسهم أو الوالدين والأقربين، وألا يجرمهم شنآن قوم وعداوتهم لهم على ألا يعدلوا، وأن يدوروا مع الحق حيث دار. فلا يشهروا سيفهم إلا لإحقاق حق، أو إبطال باطل، أو إقامة عدل، أو نصرة مظلوم.

وقد فسر لهم الرسول صلى الـلـه عليه وسلم كلمة "انصر أخاك ظالماً" تفسيراً جديداً: أن تمنعه من الظلم، فذلك نصرك له.

لقد أبطل الإسلام حروب الجاهلية، ودعا المؤمنين إلى أن يدخلوا في السلم كافة، وأن يخضع الجميع لقوة الحق، لا لحق القوة، مؤثراً السلم على الحرب، والتسامح على التعصب.

فهو لا يلجأ إلى القوة إلا مضطرا لدفع اعتداء، أو لدرء فتنة في الدين، أو لإنقاذ مستضعفين، أو نحو ذلك. مما يجعله يخوض المعركة كارها.

ويعلم الرسول أصحابه فيقول: "لا تتمنوا لقاء العدو، وسلوا الله العافية، ولكن إذا لقيتموهم فاصبروا، واعلموا أن الجنة تحت ظلال السيوف"[1].

فهو يرى أن السلام من العافية المحمودة، التي يحرص عليها المسلم، ويدعو الله أبداً أن يوفرها له، فهو يسأله العافية في الدنيا والعفو في الآخرة: " اللهم إني أسألك العفو والعافية"[2].

بل كان النبي الكريم يكره مجرد كلمة "حرب" ولا يحب أن يسمعها، ولهذا قال: " أحب الأسماء إلى الله: عبد الله وعبد الرحمن، وأقبح الأسماء: حرب ومرة"[3].

المطلب الثالث: جذور العنف في الفكر المعاصر

كان "جورج سوريل" - أول من سعى إلى تأصيل العنف فلسفياً وأخلاقياً، وتقنينه والتنظير له، فضلاً عن إضفاء سمات البطولة والنبل والشرف والمجد عليه، فالعنف ضرورة إنسانية وأخلاقية، وهو البنية الكامنة وراء التاريخ، وقوة الدفع المحركة له، ولا يمكن مواجهة العنف الذي يمارس ضد الإنسان إلا بواسطة العنف المضاد، هكذا صراحة وبدون مواربة[4].

ورغم أن أفكار سوريل حول العنف قد رسمت الخطوط الفاصلة بين الفلسفة السياسية الكلاسيكية والفلسفة السياسية المعاصرة، فإنها وبالمقابل أحدثت صدمة كبيرة، وما تزال تحدث نفس الصدمة إلى الآن لدى الكثيرين، لأنها تدفعنا للتخلي عن كل أمل كاذب وخداع مفتعل، وكل تفاؤل زائف، فالعنف واقع نعيشه، والعنف

---

(١) متفق عليه من حديث عبد الله بن أبي أوفى: البخاري: (٢٩٦٦) ومسلم (١٧٤٢).

(٢) رواه أبو داود (٥٠٧٤) وابن ماجه (٣٨٧١) والحاكم وصححه (١، ٥١٧) عن ابن عمر.

(٣) رواه أبو داود في الأدب (٤٩٥٠) عن أبي وهب الجشمي.

(٤) د. عصام عبد الله، تجليات العنف، أطلس للنشر والتوزيع؛ القاهرة، ٢٠٠٧ ص ١٩ - ٢٢.

المضاد نتيجة طبيعية ولازمة له، بل تاريخ العالم يبدو كأنه تاريخ العنف والعنف المضاد.

ويبدو أن التشاؤم عنده فلسفة للسلوك والفعل أكثر من كونه نظرية للعالم، وهي فلسفة تضع في اعتبارها أهمية المضيّ قدما تجاه التحرر من مأساوية الحياة عن طريق المعرفة التجريبية الصحيحة بالعوائق التي تعترض تخيلاتنا من جهة والوعي العميق بضعفنا الطبيعي من جهة أخرى".

الاهم من ذلك أنه طرح مجموعة من التساؤلات تنمّ عن جدة وأصالة فلسفته في العنف، تدور حول العلاقة بين العناصر العقلية واللاعقلية في الواقع نفسه ... مثل: هل العقل وحده هو الذي يحكم حياتنا الإنسانية؟ وما هي العلاقة بين العقل واللاعقل في حركة الواقع؟ وما مقدار فعالية الفلسفة في توجيه الواقع؟

هذه التساؤلات ضمنها كتابه "محاكمة سقراط" - **Ie Proces de socrate** عام ١٨٩٠، الذي أعاد فيه سرويل محاكمة سقراط - على أسس جديدة وحيثيات مغايرة. فقد نصب سوريل من نفسه قاضياً، وكانت التهمة التي وجهها لسقراط هذه المرة ليس "إفساد الشباب"، وليست تجديفه أو إلحاده، وإنما هي أغرب تهمة في تاريخ الفلسفة الحديثة، وهي أنه: وضع أسس العقلانية في تاريخ الفلسفة؟

تهمة سقراط أنه أعلى من شأن العقل وأخضع كل الأشياء لقبضة العقل وتجريداته وبذلك فصل بين العقل وحياة الفعل والممارسة. مما يعني ضمنياً عدم إيمان سوريل بقدرة العقل على تغيير الواقع والحياة الإنسانية أو قل تسيير ودفع الحياة الإنسانية".

وهو في ذلك يعكس روح عصره، ويتجاوزه بالنقد في الوقت نفسه، فقد كانت أبرز مظاهر العقدين الأخيرين من القرن التاسع عشر، التمرد على العقل، فالثورة

على العقل في تلك الفترة سارت في خط موازٍ للتمرد والثورة على المذهب الوضعيّ المنتشر آنذاك، ومن أبرز زعماء تلك الثورة: "نيتشه وفرويد اللذان حاولا النفاذ إلى ما وراء الواجهة العقلانية". وتركزت مهمتهما في الكشف عن الجانب القائم المحتمل من حياة النفس البشرية.

وساهمت الداروينية في تأكيد هذا الاتجاه عندما نبهت إلى الأصل الحيواني في الإنسان، فشجعت دراسة الجانب البدائي والحيواني فيه، وفجرت الأحداث السياسية والاجتماعية وقتئذٍ في أوروبا، كل نوازع الكبت والقهر والعدوان.

وحسب "جوزيف ساتن": فقد تميزت تلك الفترة باليأس الذي هو المصدر الداخلي للقلق، والعنف الذي يعبر عن المظهر الخارجي للقلق، وتحطيم قيمة الفرد لأنه أصبح يرى بوصفه مجرد خلية في البنية الاجتماعية، وتقليص حريته عن طريق إخضاعه المتزايد لإرادة الدولة".

وأطلق "ساتن" على الفترة الممتدة من (١٨٨٠ – ١٩٤٥) "عصر القلق":: "فقد سيطر على اتجاهات الفكر أربعة من الفلاسفة مزقوا أطر الفكر التقليدي وحطموا السدود التي كانت تمنع الفكر من الانطلاق في كل الاتجاهات، وهم: داروين وماركس وكيركجارد وفرويد".

وأقلق فرويد العالم وأيقظه من غفوته بنظراته عن الجنس والعصاب والكبت، وغالى نيتشه في عرضه "العنيف" للدوافع الإنسانية العارية، فوراء المنطق "توجد أحكام القيمة التي تقوم بدورها في حجب الرغبات الأساسية للإنسان (أي التي تهدف إلى الحصول على القوة والتحرر أو الانتقام.

فقد أصبح عالم نهاية القرن التاسع عشر بلا اتجاه أو بمعنى أدق: عالم يحاول الإفلات من اللاتوجيه، وحسب "نيتشه" في كتابه "العلم المرح" عام ١٨٨٢: "فإن

الأوروبيين قد تقاذفتهم الأمواج والتيارات بعد أن حرقوا معابرهم من ورائهم وألقوا بأنفسهم في قوارب تحت رحمة أليم". وكان ما لاحظه هو ذروة قرن من الفكر النقدي والشك القاتل، وعدم إدراك أين يقع اليقين، وما يخبئه المستقبل المجهول.

من هنا وضع "سوريل" كل ثقته في الفعل الثوريّ الذي يتخطى كل محاولة لصياغة الأشياء صياغة عقلية، وكأن أيديولجية التقدم تتناقض مع متطلبات العمل الثوريّ، بل إنها قد تؤدي إلى تخدير كل عمل بطولي باسم العقل وتقدم العقل. ويشير عنوان أحد كتب سوريل صراحة إلى ذلك وهو: "أوهام التقدم" عام ١٩٠٨، الذي أعلن فيه، معبراً عن رأي الغالبية العظمى من معاصريه، أنهم يحيون في عصر تدهور. وكتب "موريس بارس" - **Barres** في مذكراته يقول: "أنه عصر يدعو للأسف؛ لأنه العصر الذي قبلنا فيه أن نقوم بدور الممثلين للتدهور".

ونسب التدهور غالباً، إلى الفساد البورجوازي الذي بلغ قمته في تلك الفترة. ولم يفق الأوروبيون إلا على أهوال الحرب العالمية الأولى عام ١٩١٤، والتي أطلقوا عليها: "الحرب العظمى"، وهي الحرب التي هزت أسس الحياة والفكر الأوروبي، ودشّنت قرناً جديداً من خلال "العنف" هو القرن العشرين.

ورغم أن أهوال هذه الحرب لم تبدأ في التغلغل إلا عام ١٩١٤ بسنوات، ورغم أن أسبابها كانت تتهيأ للإندلاع منذ أمد بعيد، فإن عامّة الأوروبيين لم يصدقوا وقوعها، تماماً مثلما لم يقتنعوا بالنظرات الثاقبة لكل من نيتشه وماركس وفرويد وسوريل وبارس، وغيرهم، ربما لأنهم كانوا مخدوعين بوعود عصر التنوير في التقدم، وشعاراته الرنانة عن: الحرية والإخاء والمساواة، وبأفكار "العدل الطبيعي" المغروسة فيهم بواسطة نظام التعليم القائم آنذاك، فإذا كانت فلسفة العدل الطبيعي في اتفاق تام مع القوة فإنها من ناحية أخرى لا تتفق مع تصور الوظيفة التاريخية للعنف".

وهو ما يقودنا إلى التراجع قليلاً إلى الوراء لنقف على حقيقة هذه الفلسفة التي سيطرت على الأوروبيين طيلة ثلاثة قرون، وانتهت بهم إلى عتبات "الحرب العظمى".

المطلب الرابع: مفهوم العنف ضد المرأة وتقييم قساوته وشدّته

أظهر تطوّر الدراسات التي اهتمّت بالعنف الزوجي ارتباطها بالقيم المجتمعية وأيضاً بالأدوار الاجتماعية التي تحكم رؤيتنا للعالم المحيط؛ ممّا لا شكّ فيه أنّ تنظيم الحياة الاجتماعية له أثر مباشر في تكوين وفي وظائفية أفكارنا حيث يتلاقى العام بالخاص، فيتغذّى العنف الخاص والحميم كالعنف الزوجي من العنف العام الذي يمكن أن يتجسّد بكافة المعايير المتطرّفة "ربّما التي يتداولها الجميع، عبر سلّم قيّم تحكم العلاقة بين الجنسين مع الآخر بكافة حساسيّتها وتربيتها وضمن آلية ديناميّة تتّصف بالتأثّر وبالتشكّل المستمر لتصوّرات **representations** ذهنية مبنية على تلك الأرضية السابقة الذّكر[١].

إنّ العنف الزوجي يتصاعد تبعاً لتلك النظم المجتمعيّة المترسّخة والتي تظهر باستمرار التأثير السلبي ذو الزاد الثقافي المنقول عبر الوسائط الإعلامية، إذ ينقل العنف كما لو أنّه وسيلة تصلح لحلّ المشاكل.

من ناحية أخرى، فإنّه يصعب أحياناً التعرّف على موضوع العنف لدى البعض وتحديد السلوك العنفي خاصة في العلاقات الحميمة بين الزوجين مما يستدعي التطلّع إلى التسامح لدى المرأة.

---

(١) د. رجاء مكي ود. سامي عجم، إشكالية العنف، العنف المشرع، والعنف المدان، المؤسسة الجامعية للنشر والتوزيع، بيروت، ط ١، ٢٠٠٨، ص ٨٨ - ٨٩.

كما أنّه كموضوع ما يزال يُعتبر من المحرّمات (**tabou**) ممّا لا يسهّل كشف القناع عن المعاناة بالسهولة التي ممكن تصويرها (الخوف من الشريك - حيث أن الكثير من المعنّفات يصلن إلى حد إقناع أنفسهنّ وبوحي من الشريك. إنهنّ من يسبّب ويثير عنفه عليهنّ ... إضافة إلى الخوف من كسر رباط الأسرة وأثره على الأولاد ورد فعل العائلة الواسعة والتنشئة الاجتماعية ودور القيم فيها، التي تدفع بالمرأة إلى الصمت وطمر الحديث عن العنف الزوجي).

وفي الوقت نفسه، فإنّ المرأة التي تريد أن تكون غير مستقلّة وتابعة، فإنّ الرجل بالضرورة سيهيمن. إلا أنّ هذه الصيغة هي صغية تصلح للدرس ممّا يقلب التساؤل فيصبح كالتالي: لأنّ الرجل هو متسلّط بطبيعته الاجتماعية، فإنّ المرأة تغدو تابعة ولا تخر استقلاليتها! وهذا الفعل هو ضدّ العدالة الاجتماعية فيربط الاستعداد عندها للإستقلالية بالحكم عليها بعدم محبّتها لشريكها؟ وإلا فلماذا؟ إنّ مراقبة هذه الوضعيّة تحدو بنا إلى مراجعة العنف الزوجي بجدليتها وبمدى كونها ضحية، ودور العشق فيها.

إنّ إشكالية العنف ضدّ المرأة وكيفية التخلّص منها لا تزال ترتبط تلقائياً بالمرأة بحدّ ذاتها وليس مؤسّساتيّاً عبر إطارنا الرسمي واحترامه لما صاغ ويصيغ من اتفاقيات تابعة لمواثيق الأمم المتحدة وغيرها.

إنّ رصد مكامن تقدّمها التلقائي تختلف كلّياً عمّا سبق وأشرنا إليه عبر استراتيجيات الدول الأخرى وما نفذ من عمليات تدخّل أوجبت حلولاً حدّ- أو تحدّ مشاكل العنف الأسري ... وتجعلها مقتصرة على "الشخصي" أكثر ممّا تربطه "بالاجتماعي" و "بالعالمي" رغم أهميّته وتأثيره وتجعلنا من ذوي الخصوصية الإنتقائية.

المبحث الثاني

أشكال العنف وحجمه وأماكنه

المطلب الأول: أشكال العنف

تتعرض المرأة لأشكال عدة من العنف ومن هذه الأشكال ما يلي[1]:

١- العنف الجسدي: ويعني استخدام القوة الجسدية نحو الزوجة، وهو من أكثر أشكال العنف وضوحاً، ويتم باستخدام الأيدي أو الأرجل، أو أية أداة من شأنها ترك آثار واضحة على جسد المعتدى عليها، مثل السكين أو أية أداة ساخنة، ويكون العنف الجسدي على شكل الضرب، أو الركل، أو العض، أو الصفع، أو الدفع، أو اللكم، أو الحرق، أو شد الشعر، أو الطرح أيضاً، أو الخنق، أو التهديد بالأسلحة أو القتل، وتمر عملية الضرب قبل وقوعها بمراحل، حيث يحصل جدال بين الزوجين، يمتد ويتحول إلى صراع، ثم إلى شتم، ويتطور إلى الضرب ففي المناقشة بين الزوجين، يفشل الزوجات في الإصغاء لبعضهما بعضاً ويلوم كل منهما الآخر، وينتقد الواحد منهما الآخر، وهذا ما يميز العلاقات الزوجية المضطربة التي يسود فيها العنف، مؤدياً إلى نتائج جسدية ونفسية خطيرة خاصة للنساء.

٢- العنف اللفظي: يعد العنف اللفظي من أشد أنواع العنف خطراً على الصحة النفسية للزوجة، رغم أنه لا يترك أثاراً واضحة، وهو أكثر أنواع العنف شيوعاً في المجتمعات الغنية والفقيرة، ويكون العنف اللفظي على شكل شتم الزوج لزوجته وإحراجها أمام الآخرين، ونعتها بألفاظ بذيئة وعدم إبداء الاحترام والتقدير لها،

---

(١) د. سهيلة محمود بنات، العنف ضد المرأة، أسبابه وأثاره وكيفية علاجه، المعتز للنشر والتوزيع، دار دجلة للنشر والتوزيع، عمان، ط١، ٢٠٠٨، ص ٢٢ - ٢٦.

وإهمالها وإبداء الإعجاب بالأخريات في حضورها وتحقيرها والسخرية منها والصراخ عليها، ويعتبر العنف اللفظي هداماً بشكل كبير، خاصة لصورة الذات لدى الزوجة، وقد تكون الإساءة اللفظية غير واضحة فتكون الكلمات بحاجة لمهارة وبراعة ليتم فهمها، والمرأة لا تملك القدرة لمعرفة القصد من وراء الكلمات وهذا ما يجعل الزوجات لا يدركن أنهن يتعرضن للعنف اللفظي.

٣- العنف النفسي: إن العنف النفسي مقترن بالعنف الجسدي فالمرأة التي تتعرض للعنف الجسدي تصاب بمعاناة نفسية فقد وجد فولنجستا وآخرون قاموا بدراسة على النساء النفسية، يستعمل الأزواج وسائل عديدة لجعل الزوجة تمر بمعاناة نفسية، منها إضعاف ثقة الزوجة بنفسها من خلال التشكيك بسلامة عقلها وذكائها، والتقليل من قدراتها وأفكارها وأدائها، ويستخدم الزوج اعتباران الصحة العقلية لضبط شريكته أكثر، فقد يخبر زوجته أنها مجنونة وزوجة سيئة، ومن المخاطر النفسية التي تواجهها الزوجات عندما يتعرضن لعنف الأزواج، والتي تعتبر نتائج مباشرة للعنف الجسدي: الخوف، ونقص السيطرة على الأحداث، والاكتئاب، وعدم القدرة على التنبؤ بسلوك الزوج، والضغط، واليأس، والقلق، وتدني تقدير الذات وإساءة استعمال المواد أو الإدمان على الكحول، ويعتبر التهديد سواء تهديد الزوجة بالطلاق أو بأنه سيترك البلد هو والأطفال من الأمور التي تسبب المعاناة النفسية للزوجة، كما وجدت الأبحاث علاقة بين تكرار وشدة الاساءة والمعاناة النفسية.

٤- العنف الاجتماعي: ويعني حرمان الزوجة من ممارسة حقوقها الاجتماعية والشخصية، وانصياعها لمتطلبات الزوج والفكرية والعاطفة، ومحاولة الحد من انخراطها في المجتمع وممارسة أدوارها، مماي ؤثر في استقرارها الانفعالي، ومكانتها الاجتماعية وتشير دراسات العنف ضد الزوجة إلى أن الزوج يحاول

حرمان زوجته من التقدم، بسيطرته وعنفه، ويظهر العنف الاجتماعي على شكل حرمان الزوجة من العمل أو متابعة التعليم وحرمانها من زيارة أهلها وأصدقائها وأقاربها، والتدخل في علاقاتها الشخصية، والتدخل في اختيارها للأصدقاء، وعلاقاتها بالجيران وحرمانها من إبداء الرأي، وعدم أخذ رأيها في قرارات الأسرة والتدخل في طريقة لباسها، كل ذلك من أجل الحد من نشاطاتها وعملها وإبقائها ضمن محيط البيت الذي يشكل مصدر الخطر الحقيقي عليها.

٥- العنف الصحي: ويقصد به حرمان الزوجة من الظروف الصحية المناسبة لها، وعدم مراعاة الصحة الإنجابية لها، التي تعني قدرة الزوجة على الحمل والإنجاب دون التعرض للأخطار المصاحبة لتقارب الأحمال، عن طريق المراجعات الطبية وأخذ المطاعيم الضرورية، والتغذية الجيدة للزوجة الحامل، والمباعدة بين الأحمال، ويظهر العنف الصحي على شكل عدم سماح الزوج لزوجته بزيارة الطبيب أثناء الحمل وبعده، ومنعها من تحديد عدد مرات الحمل بناء على وضعها الصحي، وعدم السماح لها باستخدام وسائل منع الحمل وإجبارها على الحمل المتتالي وحرمانها من الغذاء اللازم لصحتها وصحة الوليد وضربها وهي حامل.

٦- العنف الجنسي: ويكون عنف الزوج الجنسي ضد زوجته بإجبارها على المعاشرة الجنسية دون مراعاة الوضع النفسي أو الصحي لها، ولجوء الزوج إلى استخدام قوته وسلطته لممارسة الجنس مع زوجته، ومن أشكال العنف الجنسي أيضاً سوء معاملة الزوجة جنسياً، وعدم مراعاة رغبتها الجنسية واستخدام الطرائق والأساليب المستخدمة الخارجة على قواعد الخلق في اتصاله الجنسي بزوجته، وذم أسلوبها الجنسي، لإذلالها وتحقير شأنها ولوحها على عجزة أو تدني قدساته الجنسية، وقد يظهر العنف الجنسي، أو الهجر وقد تعود معاشرة الزوج السيئة أو

غير الشريعة لزوجته إلى نقص الوازع الديني لدى الزوج، أو لتأثره بالأفلام الجنسية، أو فقدانه وعيه بسبب شرب الكحول، أما بالنسبة للهجر، فربما يعتبرها الزوج طريقة لتعذيب الزوجة وتأديبها.

٧- العنف المادي أو الاقتصادي: قد تتعرض الزوجة لشكل آخر من أشكال العنف، ألا وهو العنف المادي أو الاقتصادي وهي طريقة أخرى من طرق إساءة الزوج لزوجته واستقلال سلطته ورجولته، ويتمثل ذلك بالبخل وحرمان الزوجة من المصروف، وذلك لإذلالها وزيادة شعورها بأنها لا تستطيع العيش دونه خاصة إذا لم تكن الزوجة تعمل، وفي حالة عمل الزوجة قد يلجأ الزوج لأشكال أخرى من العنف المادي تتمثل بأن يحرمها من راتبها، أو يتحكم هو بطريقة صرفه.

٨- العنف السياسي (**Political Violence**) [1]: يأخذ العنف السياسي المتخذ إزاء المرأة اتجاهين أساسيين هما الاتجاه الأول الذي يتجسد بمنع المرأة من إشغال المراكز السياسية الحساسة في الدولة والمجتمع، لكي لا تتمكن من تحسين أوضاعها ونيل الاستحقاقات المادية وغير المادية التي ينبغي منحها لها والتمتع بامتيازاتها، ولكي لا يكون لها قوة سياسية تسهم في تغيير مسيرة المجتمع نحو الأهداف السياسية وغير السياسية التي تصبو المرأة لبلوغها. لذا فالمرأة تُبعد وتمنع بصورة عنيفة عن احتلال المواقع السياسية أو التدخل في السياسة لأن السياسة هي قوة يمكن أن تمنح المرأة حقوقها في المجتمع.

والاتجاه الآخر للعنف السياسي المسلط على المرأة هو استعمال العقوبات السياسية القاسية ضد المرأة إذا شطت عن المجتمع والكيان الاجتماعي وخرجت عن الأحكام والقوانين والضوابط التي تتبناها الدولة والهيئة السياسية المسؤولة عن

---

(١) أ. د. إحسان محمد الحسن، علم اجتماع العنف والإرهاب دراسة تحليلية في الإرهاب والعنف السياسي والاجتماعي دار وائل، عمان، ط ١، ٢٠٠٨، ص ١٦٣ - ١٦٤.

الأمن والنظام والقانون. وهكذا يقف العنف السياسي المسلط على المرأة إلى جانب أنواع العنف الأخرى المستعملة ضدها كالعنف الاجتماعي والجسدي والاعتباري للحد من نشاط المرأة وقيمتها في الدولة والمجتمع والكيانات السياسية الأخرى.

٩- العنف الإداري (**Administrative Violence**): نعني بهذا النوع من العنف القوة والإلزام المستعمل ضد المرأة وهي في داخل عملها الإداري الوظيفي فالرجل يضبط نشاطها الإداري ويوجهه وفقاً لمصلحة ومستقبل الرجال وضد أماني وتطلعات وطموحات المرأة في الإدارة وتنظيم الأعمال. شهد المجتمع الحديث نمواً وسعةً في الأعمال الإدارية التي تشغلها المرأة في إدارة المؤسسات العامة وتوجيه أنشطتها وتحقيق أهدافها القريبة والبعيدة. وهذا النمو في المراكز والأعمال التي تشغلها المرأة في المؤسسات العامة لا يرتاح له الرجل لأنه يرعى مكانة المرأة ويهتم بدورها الإداري الفاعل في توجيه المؤسسات والإشراف على دوائرها وأقسامها وشُعبها. لذا راح الرجل يراقب المرأة أثناء عملها الإداري ويحاسبها على الصغيرة والكبيرة ويشهر بها إذا أخطأت أو أخفقت في مهامها الإدارية والتنظيمية بل ويبعدها أو يعزلها عن ممارسة المهام الإدارية الحساسة ويفرض عليها العقوبات الإدارية القاسية التي تحد من أنشطتها وتثبط إمكاناتها في العمل الرسمي أو غير الرسمي. وهكذا تتعرض النسوة اللواتي يعملن في المؤسسات الإدارية إلى نوعين من أنواع العنف الإداري، الأول يمنعها عن إشغال المهن والأعمال الإدارية الحساسة والبارزة، والثاني هو فرض العقوبات الإدارية الصارمة عليها إذا أخطأت أو قصّرت في عملها. ومثل هذا العنف الذي تتعرض له المرأة إنما يفقدها الثقة بنفسها ويحجم أنشطتها ومبادراتها الإدارية في المؤسسات الرسمية وغير الرسمية. وهذا لا بد أن يسيء إلى المكانة الاجتماعية للمرأة في العمل الإداري الذي تمارسه

مما يجعلها تفقد الثقة بقابلياتها وإمكاناتها في تنمية وتطوير الأعمال الإدارية والبيروقراطية التي تنسب إليها.

-١٠

المطلب الثاني: حجم ظاهرة العنف ضد المرأة في الوطن العربي

لقد أشارت الدراسات ذات الصلة بميدان العنف ضد الزوجة في المجتمع العربي إلى وجود المعضلة بشكل عام حيث أن تقارب القواعد الأساسية للزواج والحياة الزوجية بين الأقطار الغربية ربما كانت سبباً وجيهاً لهذا التعميم رغم فروق الخصائص الثقافية القطرية[١]، كما تناولت بعض الدراسات الأخرى أقطاراً عربية بعينها.

وإن قضية العنف ضد المرأة منتشرة في الوطن العربي بغض النظر عن أشكال هذا العنف وأساليبه، فقد يكون شكل هذا العنف لفظياً (شتماً) أو بدنياً (ضرباً) أو اعتداءً جنسياً على الأطفال الإناث سواء كانوا في الأسرة أو خارجها وقد ربطت الدراسات العربية المتوفرة حول مشكلة العنف ضد المرأة بين العنف ضد المرأة بشكل عام والعنف ضد الزوجة بشكل خاص وبينت أن العديد من هذه المتغيرات والأسباب في المجتمع العربي لا تختلف كثيراً عن أسباب العنف في المجتمعات الأخرى ومن بين الأسباب التي تبرز في مجتمعنا العربي هي الأسباب الاقتصادية أو الفقر حيث تساهم بما نسبته ٤٥,٦% من حالات العنف ضد الزوجة، ثم تليها بعض الأسباب الاجتماعية المتمثلة بالخلافات الزوجية ومستويات التفاعل بين الزوجين وانخفاض مستواهم التعليمي[٢].

---

(١) د. بنه بوزبون، مصدر سابق، ص ٦٨.

(٢) د. بنه بوزبون، نفس المصدر، ص ٧٠.

وفي المجتمع الأردني تتراوح نسبة من يعانين من العنف حسب الدراسة التي أجريت عام (١٩٩٨) كانت ٥٦% يعانين من أشكال مختلفة من العنف، ونسب أخرى مختلفة تتوزع بين هذه الأشكال العنيفة، إلا أن هذه النسبة العالية نسبياً قد انخفضت إلى ٤٨,٢% حسب نتائج الدراسة التي أجريت في عام (١٩٩٩) ولكن برزت في نفس الوقت، مظاهر العنف الجسدي ونعني الضرب أو الركل أو الدفع كظاهرة شائعة ومنتشرة قياساً بأنماط العنف الأخرى حيث تكدر هذا النوع من العنف ١٢٩ مرة لدى ضحايا العنف من النساء البالغات في تلك العينة الكبيرة والتي وصلت أعدادها إلى ١٢٣٣ امرأة وبنسبة تعادل ٢٤,٢% من مجموع التكرارات الخاصة بأشكال العنف ومظاهرها جميعاً[١].

ويجب الإشارة إلى أنه أيضاً يوجد نمط آخر من الدراسات العربية اقتصر على دولة عربية بعينها (ربما لاستعمال المعضلة في تلك الدولة مما أثارت رغبة الباحثين والمسئولين بتقييمها ودراستها).

ففي سوريا مثلاً وجدت نجوى قصاب ورغداء الأحمد أن ظاهرة العنف ضد المرأة موجودة داخل المجتمع السوري، وإن كانت تختلف كماً ونوعاً مقارنة بالعنف الموجود في البلدان الأخرى، وقد تم في إطار أعمال مكتبي "الدراسات والقانون في الاتحاد العام النسائي" في سوريا إنجاز مسح لحالات من العنف والتمييز تلك التي تعاني منه النساء في الجمهورية العربية السورية، حيث جرى المسح على عدد يقدر بـ (٢٤٠) امرأة بعد أن تم جمع المعلومات الكاملة عنهن من خلال مقابلات رصد دلالة الحالة لكل واقعة على حدة في معظم المحافظات السورية، وحالات أخرى جرى رصدها في إطار المكتب القانوني تلك التي تمت في إطار الاستشارات

---

(١) د. نبه بوزبون، مصدر سابق، ص ٧٢.

القانونية وتقديم الإرشاد القانوني لمعالجة الحالات المدروسة، مما أعطى هذه الأساليب البحثية العلمية صورة إحصائية دقيقة عن عناصر الموضوع بأبعاده الاجتماعية والاقتصادية وانعكاساته على المرأة وعلى أفراد الأسرة ككل بهدف الوصول إلى تحديد السبل الممكنة للحد من تلك الظاهرة بقدر ما أمكن؟ والعمل على معالجة آثارها السلبية، وبناء على هذا العمل العلمي ودقة إحصائياته يمكن تقديم برامج ومشروعات بموجبها يمكن إعداد خطة عمل منظمة تهدف إلى النهوض بالمرأة وإنقاذها من هذا العنف والتمييز.

تفيد هذه الدراسة الميدانية أن ٥٫٧% من العينة كانت من الفئة العمرية بين ١٦ – ٢٠ من العازبات والمتزوجات اللواتي يعانين من الضغوطات الأسرية، كما تبين وجود ١٦٫١٩% من الحالات في الفئة العمرية ما بين ٢١ – ٢٥ سنة و ١٦٫١٤% من عينة الدراسة هن من الشابات اللواتي لم يتجاوزن الثلاثين من العمر، بينما اندرجت بقية الحالات من الفئات العمرية ما بين ٣١ – ٤٠ عاماً. ومن خلال ربط توزيع أعمار العينة مع أشكال حالات العنف التي كانت تعاني منها تلك الفئات العمرية، تبين أن معظم الشكاوى كانت في صيغة الممارسات العنيفة من اعتداء وضرب وأذى جسمي من قبل الأزواج والآباء والتي بلغت نسبتها ٨٫٢% من الحالات. كما تبين أيضاً وجود ١٠% من الحالات التي كانت تعاني من الحرمان والاستغلال المالي، ويلي ذلك حالات الغيرة التي كانت بنسبة ٣٫٨% من العينة، وكذلك عامل سوء المعاملة حيث ظهرت نسبته بمقدار ٥٫٧% من الحالات، وكان آخرها الطلاق التعسفي والتي بلغت نسبتها ١٫٦% من العينة المدروسة، إضافة إلى ذلك فقد وجدت الباحثتان أن هناك في بعض الأحيان عدداً من الشكاوى تضمنت أكثر من حالة من حالات الأذى والعنف كالضرب والطلاق تتجمع سوية وتمارس في معاملة الزوج ضد زوجته وارتبطت هذه المعضلة – التي تعاني منها المرأة –

بالعامل الاجتماعي ومسألة تعدد الزوجات أو الحرمان المالي كمسألة اقتصادية. وقد تبين أن ٦,٢٦% من النساء في هذه العينة قد تزوجن دون العشرين من العمر وكانت نسبة حالات الزواج التي تمت عن طريق الأهقل ٥,٣٧% و ١٠% فقط من حالات الزواج كانت ضمن الاختيار الشخصي، الأمر الذي يشير إلى أهمية هذا العامل في حدوث مثل هذه المشكلات. مما يؤكد على ضرورة التوجه إلى التوعية الاجتماعية لتعديل المواقف الاجتماعية النمطية المرتبطة بأساليب الزواج وعاداته خاصة ما يتعلق بعامل العمر، حيث تبين أن ٨,٢% من الحالات التي تتعرض فيها الزوجة للعنف قد أكدت على وجود تباين في العمر بين الزوجين حيث قد يكبر الأزواج زوجاتهم بسنين عديدة تمتد في بعض الحالات إلى أكثر من ٢٠ عاماً، الأمر الذي يصبح بموجبه هذا الفارق العمري عاملاً لا يسمح بوجود تفاهم إلا فيما ندر(١).

المطلب الثالث: أماكن العنف (ونطاق تفاعلاته في الحياة اليومية)

ثمة اختلاف في تفسير المواقف العدوانية والعنيفة من حيث علاقتها بالمعايير. ولقد رصد "بركوتيس **Berkowitz**" ثلاثة اتجاهات في هذا الصدد، الأول: ظهر بين بعض علماء الاجتماع ممن ينظرون، إلى السلوك العدواني بوصفه جزءاً لا يتجزأ من الإطار المعياري الثقافي. أما الثاني: فقد ظهر لدى بعض علماء النفس ممن يميلون إلى النظر إلى العنف بوصفه سلوكاً لا اجتماعياً. ونظر فريق ثالث إلى العنف بوصفه رد فعل تجاه سلوك يوصف بأنه خطأ، حيث يقرر العدوانيون أنهم قد تعرضوا لأساليب معاملة غير قانونية أو غير مقبولة(٢).

---

(١) د. نبه بوزبون، مصدر سابق، ص ٧٢ - ٧٣.

(٢) محمود سعيد إبراهيم الخولي، مصدر سابق، ص ٥٩ - وما بعدها.

ويدعونا ذلك إلى تفحص عدداً من المواقف التي تحدث في نطاقات مختلفة. فالمواقف التي تظهر داخل الأسرة تحكمها شروط مختلفة عن الموافق التي تظهر في المدرسة عن تلك التي تظهر في الشارع أو في وسائل الإعلام، وأخيراً نطاق التفاعل مع الأصدقاء والجيران. ومن هذا المنطلق نتجه هنا إلى فحص المواقف التي يكون فيها العنف من خلال النطاقات التالية:

١- نطاق التفاعل الأسري:

الأسرة هي الوحدة التي يتكون من خلالها النظام الاجتماعي والاقتصادي والسياسي والديني، وهي مصدر الكثير من الإشباعات التقليدية لأفرادها فهي التي تقدم لهم الحب والاحترام والأمن والحماية النفسية والجسدية.

وتعتبر الأسرة مجالاً من مجالات التناقض. فرغم أنها محيط للعواطف المتبادلة، وميثاق للوئام، إلا أنها كذلك في كثير من الأحيان مركز للعنف فهي المكان الوحيد الذي يكشف فيه كل شخص عن وجهه الحقيقي، دون تمييز. والعنف في هذا المحيط يعتبر قوياً، أقوى من أي محيط آخر، ولكن العنف بين أفراد أسرة واحدة عادة لا يخضع للمناقشة. فهو يعتبر من الأسرار المشينة.

والأسرة أصبحت أكبر مؤسسات العنف في المجتمع، مما يتفق مع مقولة إحصائيات القتل، ففي أستراليا تشير إلى أن (٤٢%) من جرائم القتل ارتكبت ما بين أعوام ١٩٦٨ - ١٩٨١ كان منفذوها وضحاياها من بين أفراد الأسرة.

وفي دراسة في المجتمع المصري عن العنف الأسري، أشار فيها ٥٢,٣٨% من أفراد العينة الكلية إلى أن العنف الأسري أصبح يمثل ظاهرة منتشرة في المجتمع المصري، وفي دراسة أخرى في نطاق التفاعل الأسري بين الزوج

والزوجة، فقد أبانت النتائج أن ممارسة العنف اللفظي المتمثل في المشاجرات بين الزوجين لا تتعدى نسبة ١٤٫٨% من إجمالي العينة. وعلى مستوى تكرار ممارسته، فقد كشفت النتائج عن أن نسبة ضئيلة ممن يمارسون العنف اللفظي يميلون لتكراره، أي ما يعادل ٣٫٤% من إجمالي العينة. وكانت الماديات على قائمة الموضوعات المعجزة للعنف اللفظي بين الزوجين، أما فيما يتصل بالعنف البدني في التفاعلات الأسرية، فقد أكدت نسبة ١٣٫٧% من إجمالي أفراد العينة على ممارستهم لهذا السلوك. وكان استخدام الأيدي من أكثر الأساليب الشائعة في العنف البدني.

ويرجع ارتباط الانحرافات النفسية عند الأبناء بعدم انسجام الوالدين في حياتهم الزوجية، إلى أن عدم سعادة الزوجين بحياتهم معاً، يجعل المناخ الاجتماعي والنفسي في الأسرة نكداً، لا يشعر الأطفال فيه بالأمن والطمأنينة، ويعرضهم لخبرات مؤلمة كثيرة، تنمي الاستعداد للانحراف عندهم وهم صغار.

وقد أرجعت "نجوى الفوال" ارتباط العنف في الأسرة بوجود قوة غير متكافئة، التي تؤدي إلى حدوث تغيرات في شكل الأسرة ووظائفها.

فالعنف الأسري لا يظل محصوراً داخل الأسرة وحدها، وإنما يمتد تأثيره للمحيط الخارجي مثل: جماعات الجيرة، والمجتمع المحلي، والمجتمع الشامل، وقد أكدت "إجلال إسماعيل" أن الحياة الداخلية لأسرة العنف تدور حول دائرة متكررة من الابتلاء الانفعالي والتناقض الانفعالي. فكلما عادت الأسرة إلى حالتها الطبيعية تشتعل ثورة العنف مرة ثانية ويكون هناك إنكار للعنف في داخلية كل فرد في الأسرة لأن هناك خوف من حدوث شرخ في الأسرة أو تفكك هذا التجمع الأسري.

ويشير "محمد خضر عيد المختار" في كتابه الاغتراب والتطرف نحو العنف على أن الأباء الذين يعاملون أبناءهم بالعقاب يودي إلى نقص علاقة الحب والدفء بينهم في الأسرة، وهذا العقاب غير المبرر وغير المقبول يغلب عليه الطابع العنفي الذي يولد اضطرابات علائقية تطال جميع أفراد الأسرة ومن يتعامل معها.

كما تتسم التنشئة المتشددة بدرجة كبيرة من الجمود كما أنها تتسم أيضاً بدرجة كبيرة من التطرف، ومن المؤكد أن المنزل الذي يسوده العنف والشجار أكثر خطورة من المنزل الذي يتعرض لحالة طلاق. ولكن طالما أن العدوان ليس موجهاً نحو الأطفال، فإنهم على الأقل لا يتعرضون للضغوط الداخلية التي يتعرض لها الأطفال في حالة الطلاق أو الانفصال.

وقد كشفت دراسة عن وجود نسبة ٢٥% من الذكور يعانون من أساليب المعاملة تلك في الفئة العمرية أقل من ١٦ نسة يقابله نسبة ٣١% من الإناث أما بالنسبة للفئة العمرية ١٦ سنة فقد بلغت نسبة من يعانون من جميع أساليب التعامل ٢٥% ذكور و ٣١% إناث. وبالنسبة للفئة العمرية ١٧ سنة يعاني ٢٥% ذكور و ٤٠% إناث. ومن الفئة العمرية ١٨ فأكثر يعاني ٢٥% ذكور ونسبة ٢٠% إناث.

وإذا انتقلنا إلى أسلوب التعامل أو التفاعل مع الأخوة والأخوات فيتسم باللين وعدم الشدة في التعامل، ويأتي السلوك العنيف في نهاية الأساليب بعد الاستنفاد لكل الوسائل. وقد كشفت البيانات عن أن أسلوب النصح والتوجيه من أكثر الأساليب شيوعاً.

وعلى هذا فإن للأسرة دوراً حيوياً وفعالاً في إعداد وتنشئة الأبناء، يجعل منها وسيطاً تربوياً أكثر فاعلية وأبقى أثراً في سلوكهم إلا أن عالم اليوم شهد تطورات عديدة، وتغيرات سريعة متتالية من فعالية دور الأسرة. هذا فضلاً عن اتباع بعض

الأسر أساليب خاطئة في التربية من ناحية وكثرة المشكلات الأسرية من ناحية أخرى.

٢- نطاق التفاعل في المدرسة[1]:

إن المدرسة هي حلقة وسط بين البيت والمجتمع، وعليها الكثير من المسئوليات تجاه النشئ لمواصلة الحلقات الثلاث حتى يتقدم المجتمع ويرتقي، نجد أنه في الآونة الأخيرة ظهرت موجات من العنف في المدارس عبرت عنها الصحف اليومية من خلال عدد من التحقيقات الصحفية، وما يؤكد ذلك تعدي التلاميذ بالضرب على بعض المعلمين، وحرق بعض الكنترولات المدرسية، والعنف الجماعي في مدرسة "فهد الثانوية" حيث اعتدى تلاميذ على زملائهم من مدرسة "عباس العقاد" بمدينة نصر القاهرة سنة ١٩٩٨ في ظاهرة بدت غريبة على تلاميذ المدارس الثانوية في مصر.

وقد قامت "هند طه وآخرون" دراسة ويتم استطلاع الرأي حول ثلاث أسئلة عن العنف في المدرسة في المجتمع المصري، وكان نصها كالآتي:

١- من وجهة نظرك هل يوجد عنف في المدرسة في المجتمع المصري أم لا يوجد؟

٢- هل ترى أن العنف في المدرسة أصبح يمثل ظاهرة منتشرة في المجتمع المصري، أم أنه ما زال مقصور على حالات محدودة؟

٣- في رأيك ما المقصود بالعنف في المدرسة؟

<hr>

(١) محمود سعيد إبراهيم الخولي، مصدر سابق، ص ٦٣ - ٦٥.

بالنسبة للإجابة عن السؤال الأول تبين أن الغالبية العظمى من أفراد العينة الكلية (٩٧,٦٥%) ذكروا أن هناك عنفاً في المدرسة في المجتمع المصري، مقابل فردان فقط ذكروا أنه لا يوجد عنف في المدارس في المجتمع المصري. أما فيما يتعلق بالإجابة عن السؤال الثاني، فقد أشار ٥٦,٦٣% من أفراد العينة الكلية. الذين أجابوا عن هذا السؤال – إلى أن العنف في المدرسة أصبح يمثل ظاهرة منتشرة في المجتمع المصري، بينما أشار ٤٠,٩٦% إلى أن العنف في المدرسة ما زال مقصوراً على حالات محدودة في المجتمع المصري. وبالنسبة للإجابة على السؤال الثالث، تبين أن أكثر المظاهر السلوكية التي يرى المستطلع رأيهم أنها تندرج تحت العنف في المدرسة هي على النحو التالي: "الضرب بين التلاميذ وبعضهم البعض" وإذا بلغت نسبة من ذكروا ذلك من أفراد العينة الكلية ٨١,٩٣% يليه "تطاول بعض التلاميذ على المدرسين" حيث ذكر ذلك ٧٩,٥٢% من أفراد العينة الكلية، ثم "ضرب بعض المدرسين للتلاميذ" وذكر ذلك ٧٧,١١% من أفراد العينة الكلية، ويليه "إجبار التلاميذ على الدروس الخصوصية" وذكر ذلك ٧٢,٢٩% (هند طه، ٢٠٠٢، ١٥٠).

٣- نطاق التفاعل من خلال وسائل الإعلام ووسائل الاتصال الحديثة

تستحوذ وسائل الإعلام في وقتنا الحاضر على اهتمامنا وانتباهنا، وتكاد تحاصرنا في كل مكان تذهب إليه، وفي جميع الأوقات، إذ أصبحنا عرضة لمضامين ما نشاهده أو نسمعه أو نقرأه يومياً في هذه الوسائل.

ووسائل الإعلام تمثل قوى تربوية، حيث تسهم في تزويد الأفراد بالمعارف والقيم والاتجاهات التي تشكل شخصياتهم، وتعرف بأنها وسائل اجتماعية للتأثير

على سلوك أفراد المجتمع، وتستخدم للإعلام وفي نفس الوقت تستخدم كوسيلة كبيرة طبيعة المجتمع[1].

ووسائل الإعلام تقوم بدور فعال في مواجهة ظاهرة التطرف والحد من انتشارها ونحن إذا سلمنا بدور الإعلام في صياغة شخصية الفرد وتوجيهه وتكوين مناهجه وتأثيره على صياغة تفكيره بما تستطيعه بوسائله المطبوعة كالكتب والصحف والمجلات والنشرات والوسائل السمعية والمرئية كالإذاعة والتلفزيون والسينما والمسرح.

وقد أكد "محمد إبراهيم الشطلاوي" أن للتلفزيون الدور البارز والمتميز في تقوية العلاقات الاجتماعية والتربوية بين الدارسين والمعلمين من جهة وبين الدارسين وأسرهم من جهة أخرى، وتقوية مثل هذه العلاقات هو شيء لا بد منه، فاحترام الدارسين للمعلمين وتكوين الثقة عندهم، وتشجيع المعلمين على بذل الجهود التربوية والتعليمية الاستثنائية التي تتوخى الإسراع في تعليم الدارسين للمادة العلمية المخصصة لهم في الكتب والمناهج المقررة واستيعاب مضامينها الحضارية والإنسانية وتطبيقها على الواقع الاجتماعي الذي يعيشون فيه ويتفاعلون معه (محمد إبراهيم محمد الشطلاوي، ١٩٩٢، ٥٧)، ويعتبر التلفزيون من أفضل الوسائل الكاشفة للعمليات العنيفة في شتى أنحاء العالم. كما أنه من أكبر النوافذ وأفضلها التي يطل منها الفرد إلى عوالم العلم والمعرفة وأسرار الكون.

وهناك من يصف مشاهدة التلفزيون بأنها سلوك سلبي فالطفل لا يقوم بعمل إيجابي ولكنه يجلس أمام الشاشة ويستسلم لها. ومثل هذا التعرض السلبي للمضمون التلفازي يخلق شخصيات سلبية.

---

(١) محمود الخولي، مصدر سابق، ص ٦٥ - ٧٢.

والحقيقة هي أن كثير من أفلام السينما والتلفزيونية لها تأثير فعال على سلوك الأحداث الإجرامي وخاصة في محيط جرائم العنف ، وأسفر أكثر من نصف قرن من البحث العلمي حول التأثير الإعلامي عن اعتقاد واسع بين الباحثين يتمثل في أن التعرض المكثف للعنف من خلال وسائل الإعلام يساهم في انتشار السلوك العنيف في المجتمع. كما تبين من البحوث العلمية عن المراهقين والبالغين على حد سواء، ويتمثل هذا التأثير في تقليل الإحساس بالعنف، والموافقة على العدوان، والسلوك العدواني.

وأشار "ماكوني **E- Maccoby**" إلى أن محاولتنا لفصل التأثيرات المختلفة لوسائل الإعلام عن تأثيرات البيئة الأخرى هو أمر صعب للغاية، وبينت الاستقصاءات الأولية التي تمت في إطار **Payne Fund Studies** أن ٣٢% من المنحرفين يذهبون ثلاث مرات أسبوعياً أو أكثر إلى السينما في مقابل ١٤% فقط من غير المنحرفين. ومن ثم يمكن استخلاص أنهم تأثروا بـ "الشخصية الجذابة التي يتمتع بها رجال العصابات، أبطال الشاشة، وما يضطلعون به من أعمال ذات طابع رومانسي".

والعنف في شكل الأفلام قد يحدث عدوان عن طريق زيادة معدل الاستثارة عند المشاهد. وسجلات البيانات الفسيولوجية أشارت إلى درجات أكبر للاستثارة العاطفية عند مشاهدة الأطفال من ٤ : ٥ سنوات للعنف في البرامج التلفزيونية (**Ceoffrey Barlow, Alison Hill**, ١٩٨٥،٩)، حتى الاطفال الذين يعيشون حياة هادئة في بيوتهم يكونوا عرضة لقدر هائل من العنف بسبب الوقت الذي يقضونه في مشاهدة التلفزيون، فالأطفال في معظم دول العالم الآن يقضون نحو ثلاث ساعات ونصف في مشاهدة التلفزيون يومياً.

وفي دراسة لتحليل مضمون البرامج والأفلام الموجهة للأطفال، من خلال تحليل مستوى مشاهد العنف في التلفزيون، أن هناك على الأقل ٥ أحداث عنف في الساعة، ويزيد المعدل من ٢٠ إلى ٢٥ حدثاً في الساعة في البرامج والأفلام الموجهة للأطفال وأفلام الكارتون، خاصة يوم السبت صباحاً، فعلى حد تعبير "جورج جربنر"، وهو أحد الخبراء في مجال دراسات التلفزيون وآثره على سلوك الأطفال "إن برامج وأفلام الأطفال التلفزيونية أصبحت مشبعة بالعنف.

وفي دراسة لاستطلاع الرأي، تشير النتائج إلى ارتفاع نسب من ذكروا أن ما تعرضه وسائل الإعلام "من مشاهد العنف والجنس" يعد من ضمن أسباب كل من العنف الأسري والعنف الجنسي، والعنف في المدرسة، وفي دراسة أخرى واسعة النطاق أجريت على ستة بلدان مختلفة: الولايات المتحدة الأمريكية، وأستراليا، فنلندا، إسرائيل، هولندا، بولونيا. ونتيجة لاستماراته وللملاحظات الميدانية وللحوارات مع الآباء توصل إلى وجود علاقة سببية تقول: تزيد مشاهدة العنف التلفزيونية من معدل العدوانية الطفلية أياً كان البلد الذي ينتمي إليه الأطفال.

٤- نطاق التفاعل في الشارع

يعد الشارع وسيطاً تربوياً هاماً يقف على قدم الأهمية بين الوسائط التربوية الأخرى، فالشارع يستقبل رواده كباراً أو صغاراً، ويتعهدهم بالتربية والتوجيه فيكتسبون من خلاله العديد من القيم والأعراف والاتجاهات، كما يتعرفون على القواعد والقيم والقوانين والمنظمة للسلوك العام في الشارع، مما يسهم في عملية التطبيع والضبط الاجتماعي للأفراد.

ويبدو أن المشكلة كبيرة لدرجة أنها أثارت ثقافة معارضة وهي ثقافة الشارع التي تتعارض مع الثقافة السائدة في المجتمع. هاتين الوجهين - الشارع والمجتمع

تنتظمان في المجتمع ويؤثران على السكان، خاصة الأطفال الذين يعيشون داخل المدينة. وفوق كل شيء فإن هذ البيئة تعني أنه حتى الصغار الذين تعكس حياتهم في المنزل القيم السائدة يجب أن يكونوا قادرين على التعامل مع بيئة الشارع وهذا يرجع إلى أن ثقافة الشارع قد كونت ما يمكن تسميته (قانون الشارع) والذي يرتفع ليصبح قانون غير رسمي يحكم السلوك العام بين الأشخاص، بما في ذلك سلوك العنف، وقد تم استطلاع الرأي في الدراسة التي قامت بها "هند طه وآخرون" حول العنف في الشارع في المجتمع المصري، وكانت نصها كالآتي:

١) من وجهة نظرك هل يوجد عنف في الشارع المصري أم لا يوجد؟

٢) هل ترى أن العنف في الشارع أصبح يمثل ظاهرة منتشرة في المجتمع المصري، أم أنه ما زال مقصوراً على حالات محدودة؟

٣) في رأيك ما المقصود بالعنف في الشارع؟

بالنسبة للإجابة على السؤال الأول تبين أن هناك ما يشبه الإجماع بين أفراد العينة الكلية بأن هناك عنفاً في الشارع في المجتمع المصري، فقد بلغت نسبة من ذكروا ذلك ٩٨,٨٢%، في مقابل فرد واحد فقط ذكر أنه لا يوجد عنف في الشارع في المجتمع المصري وكان من بين كتاب الصحف المستقلة. أما فيما يتعلق بالإجابة عن السؤال الثاني، فقد أشار ٦٤,٢٩% من أفراد العينة الكلية والذين أجابوا عن هذا السؤال إلى أن العنف في الشارع أصبح يمثل ظاهرة منتشرة في المجتمع المصري، بينما أشار ٣٢,١٤% إلى أن العنف في الشارع ما زال مقصوراً على حالات محدودة في المجتمع المصري وإلى جانب ذلك ذكر ثلاثة أفراد فقط أن العنف في الشارع يقع في موضع ما بين الظاهرة المنتشرة والحالات المحدودة. وفي الإجابة على السؤال الثالث، تبين أن أكثر المظاهر السلوكية التي

يرى المستطلع رأيهم أنه تندرج تحت العنف في الشارع هي على النحو التالي: (استخدام القوة مقابل الذوق أثناء القيادة)، وإذ ذكر ذلك ٧٧,٣٨% من أفراد العينة الكلية، يليه (المعاكسات الجارحة) بنسبة ٧٣,٨%، ثم (حوادث السيارات الناتجة عن السرعة الجنونية) بنسبة ٧٢,٦٢%، ويليه ما يحدث من منازعات (سب وضرب) أثناء البيع والشراء.

ففي نطاق دراسات العنف في الشارع قدم "كامبل" دراسة اعتمدت على مادة ثانوية من دراسات نفسية وأنثوجرافية حول العنف في الشوارع الفقيرة في ضواحي المدينة. وأكدت هذه الدراسة على أن مواقف العنف في الشارع تعتمد على نمط الثقافة الفرعية السائدة، وعلى مجموعة القواعد المتفق عليها في تبادل الحوار والتفاعل. فهذه الشوارع غالباً ما يسكنها السود والمهاجرون ويسيطر عليها الذكور الذين يقضون جل وقتهم في الشارع كما أن الصغار يتلقون جل تنشئتهم الاجتماعية في الشوارع وتشكل حياة الشوارع بالنسبة لهؤلاء بديلاً عن حياة الفقر والبطالة التي يعانون منها ويصبح الشارع مجالاً للتسلية كما تصبح المناقشات زاداً تعويضياً يتمكن من خلالها كل فرد أن يتحكم في صورته عن ذاته وأن يقدمها على نحو معين وتقوم التفاعلات بين الذكور على استعراض القوة الجنسية ويظهر ذلك في الأحاديث المتبادلة بينهم حيث ين الرجال قدرتهم على تكوين علاقات غرامية وعلى التفوق فيها ويقدمون أنفسهم في نفس الوقت على أنهم من الأخيار ومن المحترمين وحياة الشارع بالنسبة لهؤلاء هي حياة مستمرة ليس لها بداية ولا نهاية فهم يدخلون إليها ويخرجون منها ولكنها مستمرة عبر اليوم وفي الشارع يوجد أيضاً جمهور مشاهد ما يحدث من تفاعلات وتظهر حوادث العنف بين هؤلاء العنف بين هؤلاء الذكور لأسباب تبدو تافهة كالخلافات الأسرية والغيرة أو التشاجر على نقود أو توجيه الإهانة واللعن أو الركل أو أي سلوك مقلق يقلل من احترام الطرف الآخر

وتفسر صور العنف الموقفية هذه التي قد تنتهي بالقتل في بعض الأحيان في ضوء اعتبارين: الأول يرتبط بدرجة تقدير الذات والتي يحافظ عليها الأفراد عبر وجودهم في الشارع والثاني يرتبط بنسق القيم الذي يحفظ لكل شخص الحق في أن يوجه الآخرين وأن يقاومهم إذا هم أهانوا كرامته وفي ضوء هذين التفسيرين فإن صور الاقتتال والتشاجر تظهر في مواقف التفاعل عند إجراء أفعال تفسر على أنها إهانة.

٥- نطاق التفاعل بين الأصدقاء (الرفاق) والجيران:

وعندما ننتقل إلى مجال التفاعل مع الأصدقاء، فنجد أن الفرد وهو يتفاعل مع أصدقائه فإنه يراوح نفسه في أنه يميل أولاً إلى العتاب والتصافي، ثم يعرج مباشرة إلى المقاطعة وهي شكل من أشكال العنف الرمزي في تفاعله مع أصدقائه.

ولجماعة الرفاق أدواراً إيجابية كثيرة لها أهميتها في حفظ وضبط وسلوك الطلاب، بل ومساعدتهم على التعليم والتحصيل الدراسي، وإعدادهم جسمياً وعقلياً واجتماعياً وانفعالياً، إلا أن جماعة الرفاق لا تقوم بدور تربوي إيجابي في جميع الأحيان، وإنما لجماعة الرفاق وقرناء السوء أدوار غير تربوية من الخطورة بمكان على مستقبل طلاب التعليم الثانوي.

وقد أكد" عبد الله سليمان إبراهيم" في دراسته عن اتجاهات الآباء نحو التعليم وعلاقتها باتجاهات أبنائهم نحو المدرسة وتحصيلهم الدراسي. إن معظم المراهقين يميلون إلى اختيار أصدقائهم على أساس القيم التي اكتسبوها من آبائهم، وقد تكون القيم أساساً لتقبل نموذج معين من الأيديولوجيات.

أما عن التفاعل مع الجيران فقد أكدت "سميحة نصر" أن الفرد في تفاعله مع جيرانه لا يبدأ باستجابات تنطوي على شكل من أشكال العنف أو الغضب، ولكنه يميل إلى الانسحاب من الموقف التفاعلي، أو تجاهل لكل السلوكيات غير المرضية

الصادرة عن الجار. ويليها في الترتيب التفاهم، العقاب، اللجوء إلى المعارف، ويقومون بتصعيد الموقف إلى الشرطة بعد استنفاد كل الوسائل السابقة.

وقد أكد "أحمد زايد" في دراسة قام بها عن نطاق التفاعل مع الجيران حيث أن ٤٧,٧% من إجمالي العينة، أي ما يقرب من نصف أفراد العينة، على أنهم يلجئون إلى الانسحاب والاقتصار (باللغة الدارجة) عن الجار أو إهماله أو تجاهله ويلي ذلك التفاهم والتوجيه بنسبة ٣٩,٤%، ثم العقاب بنسبة ٥,٨%، ثم اللجوء إلى المعارف بنسبة ٥,٥%، وبعد ذلك يأتي اللجوء إلى الشرطة بنسبة ١,٥% من إجمالي العينة وهي نسبة ضئيلة للغاية.

الفصل الثاني

أسباب ونظريات

وآثار العنف ضد المرأة

الفصل الثاني

اسباب ونظريات واثار العنف ضد المراة

المبحث الأول: أسباب العنف

في الواقع هنالك العديد من العوامل التي تسهم في حدوث العنف والإساءة ضد المرأة فالعنف لا يولد من فراغ وإنما هو نتاج ظروف ثقافية واجتماعية واقتصادية وعوامل نفسية مختلفة وهذا ما سنتناوله على النحو التالي:-

١- الضغوط والانفعالات:

لا شك أن مستوى الضغوط يؤثر على العنف ومصدر الضغوط هو العمل والأسرة والبطالة وعدم القدرة على العمل وزيادة عبئ ومطالب العمل إلى جانب الظروف الاقتصادية فلا شك أن تعرض الرجل لقدر كبير من الضغوط والاحباطات قد تؤدي إلى الشعور بالفشل في إشباع حاجاته وتحقيق أهدافه مما يزيد ذلك من احتمالية ممارسته للعنف بوصفه وسيلة للتخلص من التوترات الناتجة عن هذه الضغوط فالرجل الذي تحاصره الضغوط الشديدة يسهل استثارته انفعالياً ومن ثم يصعب عليه التحكم في انفعالاته مما يدفعه ذلك إلى ممارسة العنف فالتحكم في العنف يرتبط بزيادة قدرة الفرد على التحكم في انفعالاته[1].

---

(١) د. طه عبد العظيم حسين، سيكولوجية العنف العائلي والمدرسي، دار الجامعة الجديدة، اسكندرية، ٢٠٠٧، ص ٧٩.

٢- عملية التنشئة الاجتماعية:

لا شك أن الأفراد الذين شاهدوا العنف في الطفولة يمارسونه عندما يكبرون ويشير ذلك إلى أن هناك علاقة بين مشاهدة العنف في الطفولة والعنف ضد المرأة على هذا يعتقد البعض أن العنف يكون ضرورياً لحل الصراعات الزوجية كما أن عملية التنشئة الاجتماعية تتوقع أن يسلك الرجل والمرأة بشكل مختلف عن الآخر فالاعتقادات الثقافية وثقافة الذكورة والاعتماد الاقتصادي تؤدي إلى عدم المساواة بين الرجل والمرأة فمن خلال عملية التنشئة الاجتماعية يتم تنشئة الرجل بشكل مختلف عن المرأة فالرجل يتقوع منه المجتمع أن يسلك بعدوانية ويرفض المجتمع هذا السلوك العدواني إذا صدر عن المرأة فالطفل يتشرب عملية التنشئة الاجتماعية خلال مراحل الطفولة ويمارسها طوال حياته وفي هذا الخصوص يحصل الرجل على مزايا أكثر من المرأة فالمجتمع ينشئ الرجل على أن يكون قوياً وأن يكون قادراً على إثبات رجولته وينبغي أن يكون عدوانياً ليحصل على ما يريد وأن تكون المرأة سلبية اعتمادية وتابعة وأن تعتمد المراة اقتصادياً وانفعالياً على الرجل وأن يكون هو المسئول عن حمايتها وهذا ما تتعلمه المرأة داخل المؤسسات الاجتماعية مثل الأسرة والمدرسة ويتم تعزيز ذلك من خلال وسائل الإعلام المختلفة، فالتنشئة الاجتماعية تضع أدوار معينة لكل من الجنسين فتنظر إلى المرأة كزوجة وأم وتعتبرها من الرجل وتحتاج إلى حماية الرجل في حين تنظر إلى الرجل على أنه ناضج وأكثر قوة من المرأة ومن ثم فهي تعطي الرجل الحق في العنف ضد المرأة وترى بعض الثقافات أن المرأة لا ترتدع إلا بالضرب ونتيجة لهذه الاتجاهات الثقافية والاجتماعية تفرض القيود على حرية الإناث فالفتاة من الطفولة يتم تنشئتها على أن تكون هادئة ولا يسمح لها بالخروج مع الأصدقاء في حين يحصل الولد

على وقت أكبر للعب والخروج مع الأصدقاء ويسمح له أن ينطلق خارج المنزل ليلعب ومن هنا فقد يعد العنف مؤشراً لفشل الأسرة في عملية التنشئة الاجتماعية[١].

٣- تعاطي المخدرات والكحوليات:

وهناك عامل آخر يرتبط بالعنف ضد المرأة وهو تعاطي المخدرات ولقد أوضحت الدراسات أن معدل تعاطي المخدرات والكحوليات بين الرجال الذين يسيئون معاملة الزوجة تكون مرتفعة وهذا يوضح أن هناك علاقة بين تعاطي المخدرات والعنف ضد المرأة ولكن لا يوجد دليل يؤيد هل هذه العلاقة هي علاقة سبب ونتيجة ومن الضروري ومن الضروري أن نؤكد هنا على أن العنف هو سلوك متعلم اجتماعياً ولا يكون نتيجة لتعاطي المخدرات فالرجل المسيئ غالباً يلجأ إلى تعاطي المخدرات للهروب من المشاكل في حياته وأن العديد من الرجال المسيئين لا يتعاطون المخدرات ولكن يرى آخرين أن الرجال المسيئين الذين يتعاطون المخدرات يكونون أقل قدرة على التحكم في الحفزات والانفعالات لديهم ومن السهل تعرضهم للاحباط وبالتالي عليهم اللجوء إلى العنف لحل مشكلاتهم[٢].

٤- العزلة الاجتماعية ونقص المساندة للأسرة:

لا شك أن المرأة التي تتعرض للإساءة والضرب تعيش في عزلة عن الأصدقاء والأقارب والجيران مما يجعلها تشعر بالوحدة وخصوصاً في أوقات الضيق والكرب ولذلك فهي تميل إلى قمع مشاعرها كالغضب والاكتئاب ولا تجد مصدر دعم ومساندة تساعدها في تخطي الأزمة والإساءة والتغلب عليها وأن هذه العزلة الاجتماعية للمرأة قد تجعلها تعتمد على المسيء. وفي هذا الصدد يشير

---

(١) د. طه عبد العظيم حسين، مصدر سابق، ص ٨١.

(٢) د. طه عبد العظيم حسين، مصدر سابق، ص ٨٢.

Pogelow (١٩٨٤) إلى أن الزوجات تبقى في العلاقة المسيئة نتيجة لنقص الدعم والمساندة الاجتماعية من الأصدقاء والأقارب والجيران وحيث أن الرجل يعتقد أن المرأة تعتمد عليه في إشباع حاجاتها المادية ففي هذه الحالة يعاملها كما يرغب ويبدو ذلك في المناطق الحضرية حيث تعتمد النساء على الرجال في كل شيء فهم يعتمدون عليهم في الطعام والوقاية والحماية والأمن في حين أن معظم النساء في القرية قد تكون غير متعلمة ولديها نقص في المعرفة ومن ثم تعاني من العزلة أكثر مما يسهل ذلك تعرضها للعنف[1].

٥- الصراعات الزوجية ونقص مهارات التواصل:

ويتمثل ذلك في الغيرة والشعور بعدم الأمن وانخفاض الثقة بالنفس مما يجعل الرجل يميل إلى استخدام القوة والتحكم في سلوك المرأة وقد ينشأ الصراع الزواجي من عدم اتفاق الزوج والزوجة بشأن أدوارهم في الحياة وبيئة العمل وقد ترجع الصراعات الزوجية إلى عدم إشباع الرغبات الجنسية وقد يترتب على هذه الصراعات نتيجة لوجود تباين في خصائص الشخصية لدى كل من الزوجين أو بسبب الظروف الاقتصادية السيئة أو الضغوط مما يترتب عليها عدم إشباع الحاجات النفسية واضطراب العلاقة بين الرجل والمرأة، وقد تنشأ الصراعات الزوجية نتيجة لضجر الزوجين عن مواجهة ما يستعر منهما من مشكلات أو اختلافهما في أساليب حل هذه المشكلات وتظهر آثار هذه الصراعات في نقص التواصل بين الزوجين وعدم الرضا عن العلاقة الزوجية وعلى هذا فإن الصراعات الزوجية تسهم في حدوث العنف داخل الأسرة، فالأسر التي تكون خالية من الصراعات الزوجية يشعر فيها كل من الزوجين بالرضى الزواجي ويكون كل

---

(١) د. طه عبد العظيم حسين، نفس المصدر، ص ٨٢.

منهما في حاله تفاعل وتواصل مستمر وفعال ويظهر كل منهما الحب للآخر ومن هنا فإن العنف ضد الزوجة يعد مؤشر هام على وجود خلل في طبيعة العلاقات بين الزوجين واضطراب نسق الأسرة فالأسرة التي تتسم بمعدلات مرتفعة من عدم الاستقرار الزواجي والأسري قد يلجأ الزوج فيها إلى العنف ضد الزوجة لما يعانيه من نقص في أساليب ومهارات التواصل معها حيث يصعب عليه التعبير عن أفكاره ومشاعره وانفعالاته ومن ثم يميل إلى توجيه اللوم إلى الضحية مع أنه يعتمد عليها ويرفض في الوقت ذاته الاعتراف بحاجته إليها ويفسر المواقف بشكل خاطئ فمثلاً عندما تتأخر عنه يعني أنها تريد هجره وحين تبتسم لترضيه فهي بذلك تسخر منه وإذا ما انتقدته يغضب ويعتدي عليها وعلى هذا يعد التواصل الفكري والوجداني الإيجابي مؤشر هام في الكشف عن الرضى الزواجي[1].

٦- صراعات الدور الجنسي:

يلعب السياق الثقافي والاجتماعي دوراً هاماً في تحديد الدور وتوقعات الدور الجنسي لكل من الرجل والمرأة وتؤدي صراعات الدور الجنسي دوراً هاماً في إثارة العنف ضد المرأة خاصة في المجتمع الذي يقوم على النظام الأبوي أو مجتمع الذكورة والذي بموجبه تكون القوة والسطوة والسيطرة على المرأة والأطفال في يد الرجل بينما تتسم المرأة على الطرف الآخر بالعنف والاستكانة والخضوع والاستسلام لسيطرة الرجل وبالتالي فدورها ينحصر في أن تكون تابعة في حين يكون دور الرجل هو المسيطر والمتحكم فيها أي أنها تدور في فلك رجولي وحياتها دون الرجل لا قيمة لها، ومن هذا المنطلق فإن الرجل يميل إلى استخدام القوة في الهيمنة والسيطرة على زوجته وإذا حللنا علاقات القوة بين الرجل والمرأة لوجدنا

---

(١) د. طه عبد العظيم حسين، نفس المصدر، ص ٨٤.

أن المرأة ضعيفة تابعة لا حول ولا قوة لها مقابل قوة الرجل الذي تعطيه تلك الثقافة الذكورية السيطرة والحرية فهو صاحب القوة والتحكم في كل شيء وعلى هذا فإن العنف بوصفه سلوك متعلم يمارسه من بيده القوة على الحلقة الضعيفة والأقل قوة في الأسرة وهما المرأة والطفل وتلك هو الدور الذي يتوقعه في المجتمع من المرأة وينتظر منها القيام بها إذ أن أساليب التنشئة الاجتماعية تحد أنماط السلوك الخاص بكل من الجنسين.

٧- الافتراضات والتوقعات غير الواقعية:

لا شك أن الرجال الذين يميلون إلى العنف ضد المرأة لديهم اعتقادات وافتراضات وتوقعات غير واقعية فهم يعانون من الاكتئاب والقلق والاحباط نتيجة لعدم الاستقرار الزواجي والصدمات المؤلمة التي قد تعرضوا لها في الطفولة كما أن لديهم اعتقادات وأفكار سلبية عن الذات وتقدير الذات لديهم منخفض ويشعرون بعدم الكفاءة، فالرجل المعتدي على زوجته غالباً ما يشعر أنه غير كفء ولا يستطيع إشباع زوجته وأن المرأة أقل قيمة منه وأنه أكثر تفوقاً على زوجته فلا شك شعور الزوج بأنه أقل مكانة اجتماعية وتعليماً من زوجته قد يولد لديه رغبة في الاعتداء عليها لإحداث توازن يعتقد أنه ضروري لبقاء العلاقة الزوجية.

٨- المؤثرات الثقافية والاجتماعية في العنف:

لا يمكن فهم سلوك الفرد إلا في ضوء المعايير الثقافية والقيم الاجتماعية التي تعطي السلوك دلالة ومعناه ومن ثم فلا بد من الرجوع إلى القيم الثقافية والمعايير الاجتماعية القائمة في المجتمع في فهم العنف إذ أن العنف مفهوم ثقافي اجتماعي يختلف من مجتمع لآخر ومن ثقافة لأخرى فالتنشئة الاجتماعية وحدها لا تستطيع تفسير إساءة معاملة المراة في السياق الأسري ولكن الثقافة أيضاً تؤثر في تشجيع

السلوك العنيف ضد المرأة، فالثقافة هي جزء من التنشئة كما أن التنشئة هي جزء من الثقافة وبالتالي لا يمكن دراسة أحدهما دون الرجوع إلى الآخر وتختلف الأطر الثقافية من مجتمع لآخر في نظرتها إلى كيفية التعامل مع المرأة فمثلاً في الثقافة الإفريقية هناك اعتقادات تتوقع من المرأة أن تخضع لأوامر زوجها وينبغي عليها دائماً الإصاغ والاستماع إليه بوصفه هو رأس الأسرة وسيدها ولذا فإن هذه الثقافة تدعو إلى هيمنة الرجال وخنوع تبعية المرأة واستخدام الرجل القوة الجسمية كوسيلة في تقوية الهيمنة والسيطرة على سلوك زوجاتهم وأن الرجل ينبغي أن يكون قوياً وصاحب سلطة وأن يكون مستقلاً.

٩- الرغبة في الهيمنة والتحكم (النظام الأبوي):

إن العنف الذي يستخدمه الرجل ضد المرأة ما هو إلا تعبير عن هيمنة الرجل وتبعية المرأة في النظام الاجتماعي الأبوي ومن ثم يعد التحكم في المرأة داخل السياق الأسري أحد العوامل الحاسمة في تشجيع العنف ضد المرأة داخل السياق الأسري أحد العوامل الحاسمة تشجيع العنف ضد المرأة وتعرف الأبوة على الناسق من البناء الاجتماعي من خلاله يهيمن الرجل على المرأة ويقهرها وعلى هذا فإن الرجل يسيئ معاملة المرأة جسمياً أو نفسياً أو جنسياً اعتقاداً منه أن لديه القدرة على التحكم والسيطرة عليها وأنها تكون تابعة له.

وقد يتصور الرجل خطأ أن سعادة أسرته واستمرار بقائها مرهون بقهر المرأة أو الزوجة نفسياً وجنسياً وانفعالياً واقتصادياً ليصبح الرجل هو المسيطر والحاكم والمرأة هي الخاضعة والمحكومة وكلما أصبح منزل الزوجية أكثر استبدادية كلما قلت تبعاً لذلك علاقات الزوجة مع الآخرين في المجتمع وكان اعتمادها على الزوج أكثر حيث يصبح الزوج هو السند الوحيد الذي ستلجأ إليه ولذلك فإن الذي يجعل الرجل مسيئاً للمرأة هو الاعتقاد بأن له الحق في التحكم والسيطرة عليها فالعنف

ضد المرأة في ضوء ذلك يرجع إلى الحاجة إلى الهيمنة والتحكم من الرجل في المرأة.

فلا شك أن نقص التحكم والهيمنة لدى الرجل على سلوك زوجته قد يدفعه إلى ممارسة العنف ضدها وعليه تكون العلاقة بين الرجل والمرأة في ظل النظام الأبوي القائم في المجتمع أشبه ما تكون بعلاقة العبد بسيده وبالتالي فإن الإساءة التي تمارس ضد الزوجة تكون بدافع القوة والهيمنة الذين يحكمان العلاقة بين الزوج والزوجة في إطار الأسرة.

فالعنف ضد المرأة، ينتشر بشكل واسع في المجتمعات الأبوية التقليدية حيث أن هذه المجتمعات تعتبر المرأة مواطن من الدرجة الثانية وتشجع على هيمنة وسيطرة الرجل على المرأة وعلى أن يكون الرجل أكثر قوة وعدوانية وأن تكون المرأة تابعة وخانعة له حيث أن ثقافة المجتمع الأبوي تحدد توقعات الدور الجنسي لكل من الرجل والمرأة.

١٠- خبرات الإساءة في الطفولة:

ويتمثل ذلك في أن الأطفال الذين تعرضوا لسوء المعاملة في الطفولة من الآباء من المحتمل أن يقوموا بهذا السلوك العنف عندما يصلون سن الرشد فالطفل الذي يشاهد والده وهو يضرب أمه قد يمارس العنف بعد ذلك عندما يصبح رجلاً حيث أن الطفل قد يتعلم العنف من خلال مشاهدة العنف بين الوالدين ويمارسه عندما يصل إلى مرحلة الرشد وكذلك أيضاً تتكون لديه اتجاهات إيجابية نحو العنف باعتباره وسيلة فعالة في حل المشكلات والصراعات في المستقبل علاوة على ذلك أن هؤلاء الأطفال الذين شاهدوا العنف بين الوالدين قديماً وسلوك العنف باعتباره وسيلة فعالة في حل المشكلات والصراعات في المستقبل علاوة على ذلك أن هؤلاء

الأطفال الذين شاهدوا العنف بين الوالدين قديماً وسلوك هذا العنف ضد زوجاتهم وبالتالي فإن الطفلة التي تشاهد والدها يضرب أمها قد تتوحد مع أمها وتكون عاجزة حيث تصبح زوجة مثل أمها وقد ترى أن العنف هو جزء من الحياة الزوجية وهو شيء مقبول وهذا يشير إلى أن سلوك العنف لدى المعتدي على المرأة هو سلوك متعلم وينمو معهم منذ الصغر.

١١- البطالة وانخفاض الدخل:

لا شك أن التعليم وانخفاض الدخل يرتبط بالعنف الأسري فالأفراد ذوي الدخل المنخفض يكونون أكثر ممارسة للعنف ضد المرأة لأن ذلك ينتج عنه عدم استقرار اقتصادي ولقد أشارت نتائج الدراسة التي قام بها Phee (١٩٩٧) Song (١٩٩٦) أن العوامل الاقتصادية والاجتماعية تؤثر في مستوى إساءة معاملة الزوجة فالعنف يحدث في الأسر ذات المستوى الاقتصادي والاجتماعي المرتفع وأن بطالة الزوج تساهم في حدوث العنف فكلما طالت فترة البطالة كلما ازدادت مشاعر الالضيق والسخط وتضاءلت المكانة الاجتماعية للرجل مما يساعد ذلك على تكوين اتجاهات سلبية ومشاعر عدوانية تجاه الزوجة والأطفال في داخل الأسرة كما أن انخفاض الدخل يترتب عليه الشعور بالحرمان وعدم إشباع الحاجات النفسية والبيولوجية، وكلما ازداد الشعور بالحرمان ازداد القيام للعنف فالحرمان سواء كان مادياً أو نفسياً يخلق حالة مؤلمة من الاغتراب والقلق والتوتر وبالتالي يسعى المعتدي للتخفيض من هذا التوتر والقلق واستعادة الاتزان بالعنف على الزوجة والأطفال باعتبارهم الحلقات الضعيفة في الأسرة وعلى هذا فإن الظروف الاقتصادية المتدنية قد تهم في نشأة العنف حيث تلجأ المرأة غالباً إلى الشيء مع زوجها نظراً لعدم كفاية الدخل ومن ثم قد يتحول أو يتطور هذا الشجار إلى عنف فالعنف منتشر في كل الطبقات والمستويات الاقتصادية والاجتماعية والثقافية ولكن بدرجات متفاوتة

فمعدل العنف يكون مرتفعاً في المستويات الاقتصادية والاجتماعية والتعليمة المنخفظة.

١٢- السلوك الاستفزازي من الزوجة:

قد يكون سلوك الزوجة ذات طبيعة استفزازية يستثير عنف الرجل فمثلاً قد تهينه وتقلل من شأنه وتجادله في حضور الآخرين مما يجعله يفقد احترامه ومكانته وتقديره لذاته هذا من ناحية ومن ناحية أخرى قد يكون نمط شخصية الزوجة من النوع العنيد إذ ترفض الإذعان لأوامر الزوج وتمتنع عن الجماع معه وتعصي أوامره أو قد تقيم علاقات غير مشروعة من رجل آخر أو تتعامل مع رجال آخرين بشكل يثير الشيك في نفس الزوج هذا قد يدعوه إلى ضربها أو انها تميل إلى الثرثرة وكثرة الكلام حينما يريد الصمت أو العكس فقد تميل إلى الصمت عندما يريد التحدث معها فالمرأة المستفزة والتي تشجع على العنف وتستمتع بالعنف الصادر ضدها قد يكون ذلك راجعاً إلى اضطراب في شخصيتها فقد تكون ذات شخصية ماسوشية فالرغبة اللاسوية في العقاب لديها تؤدي بها إلى أن تصبح اعتمادية ومدمرة للذات كما أن شخصية الزوجة أيضاً قد تسهم في حدوث العنف ضدها فالمرأة التي تكون منطوية وانسحابية وتشعر بالسلبية والعجز إذا لم يصدر عنها أي شيء استجابات إزاء الاعتداءات السابقة والحالية عليها من الزوج قد يجعل الزوج يستمر في الاعتداء عليها لما يجنيه من مكاسب من وراء اعتدائه عليها كما أن نقص المكانة الاجتماعية ونقص السلوك التوكيدي لديها وانخفاض توكيد الذات لديها كل هذا يجعل المرأة أكثر تعرضاً للعنف ويشجع الرجل على ضربها فلقد أوضحت الدلالات أن اللنساء المساء معاملتهن يتصفن بالاكتئاب وانخفاض تقدير الذات ويعانين من الشعور بالضجر.

١٣- اختلال توازن القوى في الأسرة:

يزداد معدل العنف عندما يكون أحد الطرفين أكثره عن الطرف الآخر فمعدل ضرب الأم للطفل ينخفض حين يصبح أكبر سناً لتضاؤل فارق القوة بينهما وأن البنت تضرب أكثر من الولد لأنها أكثر ضعفاً وكذلك الزوجة وخاصة إذا كان تعليمها ومكانتها أقل وتشير نظرية المصادر إلى أن الرجال الذين يكون لديهم نقص في مصادر القوة من مثل الدخل والتعليم والوظيفة والمكانة الاجتماعية يمسلون إلى العنف لاستعادة نقص القوة لديهم فالعنف الزواجي يزداد في العلاقات التي يشعر فيها الأزواج إنهم أقل قوة من الزوجات.

١٤- الغيرة الشديدة:

يعاني الرجل المعتدي على زوجته من غيرة شديدة فالغيرة كما أوضحت دراسة **Berglow** (١٩٨١) إنها تشكل نسبة ٤١% من حوادث العنف ضد المرأة وانها تمثل سبب رئيسي في العديد من حوادث العنف ضد المرأة وأنها ذات علاقة وثيقة بالعنف الأسري وأن هذه الغيرة تشجع الزوج على تنفيذ وتقوية العزلة وفرض المطالب غير المرغوبة الأخرى على الزوجة فالغيرة تؤدي إلى الاكتئاب والغضب ونقص تقدير الذات والعنف فالزوج عندما ينشأ في أسرة يتسخدم فيها الوالد أساليب الرفض والنبذ كوسيلة للتحكم والضبط فمن المحتمل جداً أن يكون غيوراً وهكذا هناك علاقة بين الغيرة والعنف ضد المرأة فالأزواج الغيورين يكونون أقل أمناً واستقراراً في علاقاتهم مع زوجاتهم.

١٥- الواقع الاقتصادي والاجتماعي للمرأة وأثره على ظاهرة العنف[1]:

يمكن القول أنّ عوامل الفقر والتهميش والأمية تعزّز تأجيج العنف إذ يكون من الصّعب جدّاً على النساء اللواتي يرزحْن تحت وطأة العوز والجهل مجابهة واقع عنفي مما يمنعهنّ من التمتّع بالحماية أو حتى إمكانية اللجوء إلى القضاء التماساً للإنصاف، وهذا ما يشكّل عاتقاً أمامهنّ نحو التغيير أو حتى تنظيم المواجهة[2].

قامت الأسكوا بدراسة حول عملية التنمية لدى المرأة لتبيان مدى تحقيق المساواة بين الرجل والمرأة ومراقبة التراجع والتحسين في بعض المجالات، فظهر تحسّن ملموس لواقع المرأة من ناحية ارتفاع نسبة الإلمام بالقراءة ولاكتابة "من ٣٥ إلى ٤٧,٥ في المئة لدى النساء البالغات مقابل ارتفاعه من ٦٣,٥ إلى ٧١ في المئة للرجال". وتقدّم ملحوظ في انخفاض نسبة الوفيات لدى الفتيات والنساء بعد أن كانت مرتفعة لعدم الاهتمام بالصحة أو عدم توفّر القدرة المادية لمعالجة الأمراض التي يعانون منها وارتفاع معدّلات الخصوبة التي أثّرت بشكل سلبي على صحة المرأة بينما حالياً تشهد انخفاضاً في معدّلات الخصوبة؛ أما بالنسبة لمجال العمل فقد شهد تراجعاً عما كان عليه في السابق، حالياً هناك "١٩,١ في المئة من النساء العربيات و ١٠,٦ في المئة من الرجال العرب عاطلين عن العمل في عام ٢٠٠١". بينما كانت النسبة في عام ١٩٩٥ "٥,٩ في المئة للنساء و ٤,٧ في المئة للرجال" ويعود سبب ارتفاع البطالة إلى الأوضاع الاقتصادية والسياسية الصعبة التي تمرّ بها البلدان العربية. ولاحظ القيّمون على هذه الدراسة تراجع عمل المرأة العربية في الحقل السياسي؛ إنّ نسبة العاملات في البرلمانات لا تتعدّى ٥,٨% بحيث أن بعض

---

(١) د. رجاء مكي و د. سامي عجم، اشكالية العنف العنف المشرّع والعنف المدان، المؤسسة الجامعية للنشر والتوزيع، بيروت، ط ١، ٢٠٠٨، ص ٨٤ - ٨٦.

(٢) د. رجاء مكي، إشكالية العنف العنف المشرع، بيروت، ص ٨٤ - ٨٦.

الدول كالبحرين والإمارات العربية المتّحدة لا وجود للنساء في برلماناتها (النهار ٢٠٠٤/٧/٩).

هذا بالإضافة إلى مشاريع أخرى كتعلمي المرأة القيادة إلا أنّها كلّها يجب أن ترتبط بالنّضال الديموقراطي العام الذي يسمح للمرأة بأخذ مكانها الحقيقي.

إنّ ضمانات العيش كالتعليم المجّاني والاستشفاء وحرية الرأي وفرص العمل، كلها أمور بتنا نحلم بها في وطن يشبه كل الأوطان ... هكذا يعبّر الشباب عن معاناتهم.

في شوارع البؤس والفقر المكتظّة بالأطفال المشرّدين، تكثر وطأة الاعتداءات الجنسية دون رادع ... فيزداد الشعور بالذنب لأنّه يحس بالشراكة خاصّة إذا ما كان هذا الكبير من الأقارب ... والطفل قد يقبل بداية لفقدانه معة اللذة (إذا ما كان قبل السابعة - شعور العيب، والخوف هو شعور مكتسب) وعندما يفقد كل المعاني يزداد الشعور بالذنب ... إنّه شخص فاقد للرابط ومهيّأ للوضعيّة الانهيارية أكثر من غيره فاستعادة الفعل هي تداخلية عبر الأجيال (**intergenerationnelle**) وداخل أسر إنصهارية ومحرّمة (**Insectueuse**).

ففي فرنسا، على سبيل المثال، امرأة تُقتَل من زوجها كل ١٥ يوماً، ٨٥% من النساء الضحايا - (ضحايا العنف المنزلي) قُتِلن من قريب لهنّ

(A. Houel - Du crime Passionnel au crime d'honneur - colloque Beyrouth, November 2005).

أمّا الفاعل، فتقدّره **Houel** على أنّه رجل يحمل في ذاته صورة أم بدائية (**archaique**) لكنّه متحرّك ومنسي، هو يعيش قلق الانفصال ويتسعدّ للقيام بأي

عمل تعويضي حتى القتل ما عدا الأب الذي يجسّد دوماً مسألة العرض ... والشرف.

المبحث الثاني: النظريات المفسرة للعنف

سنتناول في هذا المبحث أهم النظريات المفسرة للعنف وذلك بشكل موجز على النحو الآتي:-

١- نظرية الإحباط والعدوان:

تفترض نظرية الإحباط والعدوان لدى دولارد (Dollard) أن العدوان والعنف نتاج للإحباط الذي يتعرض له الفرد، وأن وجود السلوك العدواني يفترض دائماً وجود حالة من الإحباط، كذلك يشير دولارد وزملاؤه إلى أن حدة أو درجة الحقن للسلوك العدواني أي شدة الدوافع العدوانية تتباين بشكل مباشر مع درجة الإحباط أو هناك ثلاثة عوامل حاسمة بهذا الصدد وهي:-

– القيمة التدعيمية: أي أهمية الهدف الذي تم إحباطه.

– درجة التدخل بالاستجابة المحيطة.

– عدد الاستجابات المحبطة والمتتالية: أي التي حدثت من قبل، فكلما زادت درجة إعاقة الاستجابة، وكلما زاد عدد الاستجابات المعاقة، كلما زادت درجة الإغواء للسلوك العدواني[1].

---

(١) د. أمل سالم العواودة، العنف ضد المرأة العاملة في القطاع الصحي، دار اليازوري العلمية للنشر والتوزيع، عمان ٢٠٠٩، ص ٨٧.

١- نظرية التعلم الاجتماعي[1]:

ترى نظرية التعلم الاجتماعي أن السلوك العدواني ككل مركبات السلوك الأخرى، هو سلوك يمكن تعلمه من خلال إجراءات الأشراط الكلاسيكي، والأشراط الإجرائي والتعلم وفق النموذج، وذلك عن طريق تقليد نماذج عدوانية سواء كانت النماذج حية أي مباشرة أو غير مباشرة ويؤكد نموذج التعلم وفق النموذج أنه ليس بالضرورة للأطفال أن يمارسوا السلوك العدواني، وأن يتم تعزيزهم سلباً أو إيجاباً حتى يتم ترسيخ السلوك، وإنما يكتفي برد ملاحظة هذا السلوك عند الآخرين من أجل ترسيخه، وتتم مارسته من قبل الطفل، وقد برهن باندورا وفالترز أن العدوان الذي يظهر في سلوك الأطفال أثناء اللعب والذي يؤدي إلى إملاك لعبة ما (تعزيز) يزيد من احتمالةي السلوكيات العدوانية للمعتدي، كما أن تعزيز نموذج يتم مراقبته من قبل الكبار والصغار في سلوكه العدواني يزيد من احتمالية سلوك الطفل بشكل عدواني فيمكن تلخيص نتائج التي أجراها أتباع نظرية التعلم الاجتماعي حول العدوان كما يلي:-

- يتعلم الإنسان العدوان من خلال ملاحظة النماذج العدوانية، فالأطفال يتأثرون إلى درجة كبيرة بسلوكات والديهم ومعلميهم وزملائهم، وفي ضوء النتائج التي تمخضت عنها الدراسات المستندة إلى نظرية التعلم الاجتماعي يفترض الباحثون أن وسائل الإعلام (كالتلفزيون مثلاً) قد تكون مسؤولة إلى حد كبير من انتشار العدوان لدى الأطفال، يزيد احتمال تقليد الإنسان للنماذج العدوانية عندما يكون النموذج ذا مكانة.

---

(١) د. سهيلة محمود بنات، مصدر سابق، ص ٧٨ - ٨٩.

- اجتماعية مرموقة، وعندما يلاحظ أن النموذج يكافأ على عدوانه، أو عندما يلاحظ أنه لا يعاقب على ذلك السلوك.

- يتعلم الإنسان أن يسلك على نحو عدواني عندما تتاح له الفرصة لممارسة العدوان، خاصة إذا ترتب على تلك الممارسة مكافأت ما.

- تزايد احتمالات قيام الإنسان بالعدوان عندما يتعرض لمثيرات مؤذية (مثلاً عندما يؤذي جسدياً أو عندما يهدده الآخرون) وهو قد يتعلم من خلال مشاهدته للآخرين، أو من خلال الممارسة أن باستطاعته الحصول على ما يريد بالعدوان.

- عديدة هي العوامل التي تجعل الإنسان يستمر بالسلوك على نحو عدواني، ومن تلك العوامل: التعزيز الخارجي (المكافأة الاجتماعية، أو التخلص من المثيرات المبغوضة أو تعبير المعتدي عليه من المعاناة) والتعزيز الذاتي وتهنئة الإنسان لنفسه، أو إزدياد ثقته بنفسه نتيجة نجاحه في العدوان.

- قد يزيد العقاب من احتمالات حدوث العدوان، فالعقاب قد يحمل بمثابة نموذج للعنف، فالبحوث العلمية تشير إلى أن أنماط التنشئة قد تكون العامل الحاسم في تولد العدوان واستمراريته لدى الأطفال ولقد أكدت العديد من الدراسات أن أسباب سلوك الزوج بشكل عنيف تجاه زوجته هو أن هذا الزوج قد عاش طفولة يسودها العنف.

٣- نظرية المصدر والتبادل:

إن أول من طبق نظرية المصدر في بناء القوة الدافعة للعدوان هو (وليم جود) عام ١٩٧١ حيث تناول هذا المنُظر من موضوع عنف الزوج ضد الزوجة وحاول إيجاد دليل على مبدأ القوة في تفسير هذا العدوان، فوجد أن الزوج كلما زادت المصادر المتاحة له كلما زادت قوته ولذا يقل ميله نحو استخدام العنف، بينما يلجأ

الفرد إلى استخدام العنف عندما يدرك أن مصادره الأخرى كافية، وبناء على ذلك يمكن النظر إلى العنف بأنه وسيلة لممارسة الضبط الاجتماعي الأخرى تلك التي لا تحقق الهدف المتضمن انقياد الزوجة للزوج، وفي هذا الصدد اختبر كل من (الين وسترادس عام ١٩٨٠) بعض فرضيات (وليم جود) مستخدمين بذلك متغيرات مثل المكانة المهنية ومستوى التعليم والدخل والرضا عن الدخل باعتبارها مقاييس للمصادر الخارجية فتوصلا بناءً على تلك المقاييس إلى صدق الفرضية القائلة بأن الأزواج أصحاب المصادر الخارجية المنخفضة أكثر ميلاً لاستخدام العنف الجسدي ضد زوجاتهم، وبناء على ذلك توصل هؤلاء المنظرون أو الباحثون إلى الاستنتاج القائل بأن العنف الناتج عن الحرمان المادي هو أشد قسوة لأنه يؤدي إلى الإيذاء الجسدي للزوجة من جانب الزوج غير قادر على مواجهة توقعات الدور الأسري بسبب انخفاض مستوى تعليمه ومكانته المهنية ودخله، وفي حالة كونه ذو مكانة اجتماعية أدنى من زوجته فإن الضغوط والاحباطات قد تدفعه إلى استخدام العنف مع أفراد أسرته[1].

٤- نظرية ثقافة العنف:

تطورت نظرية ثقافة العنف من خلال بحوث أجريت على السلوك العنيف والإجرامي لدى فئات من المجتمع تقطن في الأحياء الفقيرة، وتتخذ العنف وسيلة لتحقيق أهدافها حيث يتحول العنف لديها إلى أسلوب حياة تنظمه قواعد خاصة بهذه الثقافة، ولقد استفادت هذه النظرية من التحليلات البنائية خاصة تحليلات روبرت ميرتون حول الانحراف والأنومي، وتحليلات سازر لاند حول المخالطة الفارقة التي أشارت إلى إمكانية وجود ثقافة فرعية للجريمة أو ثقافة فرعية للصراع، وفقاً

_____

(١) د. بنه بوزبون، مصدر سابق، ص ٤٧.

لما ذهب إليه كلوارد وأوليم فإن الثقافة الفرعية للجريمة تظهر بووجود أنساق فرعية منتظمة من المعايير والقيم التي تدعم السلوك الإجرامي العنيف، إذ يصبح العنف أدائياً يحقق أفراضاً محددة وتصبح الجريمة عملاً منظماً أما الثقافة الفرعية للصراع المقترن بالعنف التعبيري الذي يرتبط فيه السلوك العنيف بمكانة وأفراد معينين ووفقاً لما ذهب إليه وولفانج وفيراكوتي فإن الثقافة الفرعية للعنف تحدد أطراً عامة موجهة للسلوك العنيف يصاحبها مبرر أخلاقي لاستخدام العنف في الروتين اليومي كوسيلة لحل المشكلات الحياتية.

وتعد ثقافة العنف الفرعية بخصائصها، ثقافة منحرفة من وجهة نظر المجتمع لكنها لا تعد كذلك من وجهة نظر المنخرطين داخلها وأولئك الذين ينظرون إلى أفعالهم – في الغالب – أفعالاً عادية[1].

٥- نظرية الصراع:

تركز هذه النظرية على المسلمة الأساسية القائلة أن العنف الذي يحدث في المجتمع إنما هو إفراز طبيعي لذلك الميراث العظيم من الظلم التاريخي، ويمكن الإشارة هنا إلى ما يعاني من الأقليات من ظلم نتيجة عدم حصولها على نصيب عادل من الثروة والقوة، ويركز أصحاب هذه النظرية على أن العنف هو نتاج لذلك القهر الذي يتعرض له الناس حيث أن ضحايا القهر يستعيرون غالباً نفس الأسلوب التعسفي الذي استخدم ضدهم وربما جاء ذلك نتيجة لحالات الضغط والاضطراب والإحباط الذي يعانون منه فيسلكون غالباً سلوك العنف والحدة في وجه أصدقائهم وأهلهم بدلاً من الأشخاص الذين يقاموا بقهرهم وذلك لعدم قدرتهم على توجيهه لهم، ومن جهة أخرى يرى أصحاب هذه النظرية أن العنف سلاح قوي في النزاع بين

(١) د. أمل سالم العواودة ، مصدر سابق، ص ٩٧.

المرأة والرجل ويعتبر أحد الوسائل الأساسية لفرض سيطرة الرجل على زوجته وأسرته[1].

٦- نظرية الاتجاه البنائي الوظيفي:

تهتم هذه النظرية بالطرق التي تحرص على توفير درجة عالية من التوازن بين عناصر البناء الاجتماعي وأنماط السلوك والتكامل والثبات النسبي للمجتمع أو الجماعات الاجتماعية، وعلى هذا الأساس ينظر الوظيفيون للعنف من منطلق موقعه في السياق - الاجتماعي فهو إما أن يكون نتاجاً لفقدان الارتباط بالجماعات الاجتماعية تلك التي تنظم وتوجه السلوك، أو أنه يتجه لطغيان اللامعيارية وفقدان التوجيه والضبط الاجتماعي الصحيح، وبذلك يجرفهم هذا التيار إلى العنف أو ربما قد يكون الأفراد عدوانيين فيسلكون طريقهم بعنف لأنهم لا يعرفون طريقة أخرى للحياة غير تلك، كما أن العنف قد يأتي في صيغة وظيفية أولاً وظيفية استناداً إلى السياق الاجتماعي الذي يحدث فيه هذا العنف فقد يستخدم كل من الشرطي واللص العنف وسيلة لأغراض وظيفية أو مهنية، فمثلاً إن ما يقوم به الشرطي يمكن أن يوصف فعلاً إيجابياً لأداء وظيفة اجتماعية بينما ما يقوم به اللص يوصف فعلاً سلبياً مضاداً لمتطلبات السياق الاجتماعي، وبذلك أفقد هذا الفعل العنفي مفهوم الوظيفة[2].

٧- نظرية الضغط والمشقة:

تقوم هذه النظرية على افتراض أن الضغوط الحياتية تعمل بمثابة مثيرات خارجية تؤثر في بعض العمليات النفسية التي قد تدفع الشخص إلى السلوك

---

(١) د. بنه بوزبون، مصدر سابق، ص ٤٩.

(٢) د. بنه بوزبون، مصدر سابق، ص ٤٣.

العدواني، وفي ضوء هذه النظرية الفرضية العامة تتجه النظرية إلى التأكيد على نوعين من الضغوط أو مثيرات المشقة سنذكرهن بشكل موجز وذلك على النحو الآتي[١]:

- النوع الأول: الذي يرتبط بأحداث الحياة غير السارة وضغوط العمل والأدوار المختلفة، بوصفها مثيرات للمشقة التي قد تدفع إلى السلوك العنيف أو السلوك العدواني، وعلى الرغم من أن ثمة دراسات أكدت على العلاقة المباشرة بين الضغوط الحياتية والسلوك العنيف كما يتجلى في انفعالات الغضب مثلاً، أو في ارتكاب جرائم العنف، فإن الاتجاه الأحدث - بهذا الصدد - هو التأكيد على الأثر السلبي الذي تحدثه ضغوط الحياة، وما قد يترتب على هذا الأثر السلبي من سلوك عنيف.

- النوع الثاني: يرتبط بالضغوط البيئية، مثل الضوضاء والازدحام والتلوث والطقس وقد يضاف إليها ضغوط أخرى مثل اختراق الحدود الفردية والاعتداء على الحيز المكاني الشخصي أو الازدحام السكاني، وكل هذه المؤثرات البيئية لا تؤثر على زيادة العدوان والعنف في حد ذاتها ولكنها تحدث آثاراً نفسية أو سلوكية قد تدفع إلى العدوان[٢].

---

(١) د. أمل سالم العواودة، مصدر سابق، ص ٩٣.

(٢) د. أمل سالم العواودة، نفس المصدر، ص ٩٤.

المبحث الثالث: آثار العنف ضد المرأة

أولاً: الآثار النفسية والعقلية للعنف ضد المرأة:

وقد يكون من الصعب حصر الآثار التي يتركها العنف على المرأة، وذلك لأنّ المظاهر التي يأخذها هذا الجانب كثيرة ومتعدّدة. ومع ذلك نستطيع أن نضع أهم الآثار وأكثرها وضوحاً وبروزاً على صحّة المرأة النفسية والعقلية. (هذا بالطبع لا يعني أن المرأة تتعرّض لها جميعها، بل قد تتعرّض لواحد من هذه المظاهر حسب درجة العنف الممارس ضدّها)[1]:

‒ فقدان المرأة لثقتها بنفسها، وكذلك احترامها لنفسها.

‒ شعور المرأة بالذّنب إزاء الأعمال التي تقوم بها.

‒ إحساسها بالإتكالية والاعتمادية على الرجل.

‒ شعورها بالإحباط والكآبة.

‒ إحساسها بالعجز.

‒ إحساسها بالإذلال والمهانة.

‒ عدم الشعور بالإطمئنان والسلام النفسي والعقلي.

‒ اضطراب في الصحة النفسية.

‒ فقدانها الإحساس بالمبادرة والمبادلة واتخاذ القرار.

_____

(١) د. رجاء مكي و د. سامي عجم، إشكالية العنف، العنف المشرّع والعنف المدان، المؤسسة الجامعية للدراسات والنشر والتوزيع، بيروت، ط ١، ٢٠٠٨، ص ٤٧ – ٤٩.

لا شك أنّ هذه الآثار النفسية، أو بعضها تفضي إلى أمراض نفسية أو نفسية - جسدّية متنوّعة كفقدان الشهية، اضطراب الدورة الدموية، اضطرابات المعدة أو البنكرياس، آلام وأوجاع وصداع في الرأس ... الخ.

ثانياً: الآثار الاجتماعية للعنف:

تعتبر هذه الآثار من أشد ما يتركه العنف على المرأة، ولا نبالغ إذا ما قلنا أنّه الأخطر والأبرز. ويمكن إبراز أهم وأخطر هذه الآثار بما يلي:

- الطلاق.
- التفكّك الأسري.
- سوء واضطراب العلاقات بين أهل الزوج وأهل الزوجة.
- تسرّب الأبناء من المدارس.
- عدم التمكّن من تربية الأبناء وتنشئتهم تنشئة نفسية واجتماعية متوازنة.
- جنوح أبناء الأسرة التي يسودها العنف.
- العدوانية والعنف لدى أبناء الأسرة التي يسودها العنف.
- يحول العنف الاجتماعي ضدّ المرأة عن تنظيم الأسرة بطريقة علمية سليمة، أي أنّه يقف عائقاً أمام هذا التنظيم من جهة، ويبعثر مداخيلهم الاقتصادية ويشتّتها في أمور غير ضرورية من جهة أخرى.

ثالثاً: الآثار الاقتصادية للعنف:

يرى العديد من الباحثين في العلوم الاجتماعية أنّ الموضع اللا إنساني الذي تعيشه المرأة في المجتمع، سواء المجتمعات العربية أم الغربية على حدّ سواء، ما

هو إلا نتائج لوضعها الاقتصادي السيء الذي يكاد أن يكون المسؤول عن جميع أوضاعها الأخرى الاجتماعية والسياسية والنفسية. ونحن، وإن كنّا نتفق مع هذا الاتجاه في تحليل وضع المرأة العربية الرّاهن إلى حدٍّ كبير، ومع ذلك نقول أنّه يصعب عزل هذه الأوضاع عن بعضها، وبالتالي يصعب عزل آثارها. فهي متداخلة إلى حدٍّ يكاد يكون من المتعذّر فهمها منفردة، فعلى سبيل المثال فإنّ ظاهرة العنف الممارس على المرأة بشكل رئيسي، وعلى الأولاد بصفتهم الملحق داخل الأسرة، لا يعكس في الحقيقة حجم العنف المعنوي - الاجتماعي فحسب، بل أيضاً حجم العنف الاقتصادي وبما يحدثه من خلل واضطرابات في البنية الاقتصادية. حيث يفَوِّت هذا العنف على الأفراد فرص تدريبهم وإعدادهم لسد ثغرات العمل من جهة، واستيعابهم في سوق العمل بشروط أفضل من جهة ثانية. ولعل أهم وأخطر الآثار السلبية التي يتركها العنف الاقتصادي على الأسرة والمجتمع هو إعاقة متطلّبات التنمية الاقتصادية. حيث أنّ العنف مسؤول عن دفع أعداد من الأيدي العاملة غير الماهرة (ذكوراً وإناثاً) إلى سوق العمل وخضوعهم للظلم الاجتماعي والمعاملة المجحفة بحقّهم. هذا في الواقع إن وجدوا أمامهم فرص عمل.

وبناءً على ما تقدّم، ومع استمرار تدنّي نسبة مشاركة المرأة في العمل المنتج يمكن القول أنّ العنف الأسري يعيق اندماج المرأة في الحياة الاقتصادية - الإنتاجية، ويفوّت فرصة الدولة الاستفادة من الطاقات النسائية والشبابية الكاملة، وكذلك فرصة توظيف هذه الطاقات في عملية التنمية الاجتماعية والاقتصادية.

الأسباب التي تدفع بالمرأة إلى البقاء أسيرة علاقة عنيفة:

إنّ الأسباب التي تدفع النساء إلى الاستمرار في هذه العلاقات هي عديدة ومتنوّعة وفقاً للإطار الثقافي والاجتماعي حيث يمارس العنف الزوجي ...

- الخجل من وضعهنّ يدفعهنّ إلى نكران العنف.

- الخوف من الترديات التي قد تنجم أو تصدر عن الزوج الممارس للعنف (أو الخوف من ردود فعل الزوج المعنّف).

- خوف الضحية من الإقدام على فعلٍ قد يضاعف من خطورة الوضع.

- الخوف من أن تصبح مهجورة ومعزولة.

- الخوف من نبذ أسرتها الأصلية لها في حال اتخاذها قرار مماثل.

- الخوف من النبذ المجتمعي.

- العزلة الاجتماعية التي تعيش في إطارها / نقص الدّعم أو غيابه.

- التبعية الاقتصادية للزوج.

- التبعية النفسية واعتقاد المرأة بأنه لا يمكنها إعادة بناء حياتها.

- الشعور بالولاء للمعتدي.

- أمل المرأة بإيجاد الرجل المسالم والهادئ الذي عرفته خلال فترة التعارف.

- الأسباب دينية أو ثقافية.

- إيمان المرأة بضرورة المحافظة على وحدة الأسرة.

العنف الاقتصادي: هو عنف مركب - جسدي / جنسي / معنوي / اجتماعي.

- هو عنف يمسّ كرامة المرأة لأنّه يعتبرها وسيلة وليست غاية.

- هو عنف هادئ ليس دامي ولكنّه مستمر.

- يؤدّي إلى تفشي الفقر بين النساء واستغلالهنّ واستهلاكهنّ بسبب الأعمال غير المدفوعة الأجر خاصة في الريف وانعدام ملكية الأرض التي يعملن بها بل في الغالب يعملن لحساب أسرهنّ.

- انعدام ملكية النساء بشكل عام لعقارات ومنقولات إلا بنسب ضئيلة ومحدّدة رغم دخول المرأة سوق العمل نتيجة ذهاب دخلها لتصريف شؤون أسرتها اليومية بينما يذهب دخل الرجل للحصول على الملكية.

الفصل الثالث

علاقة العنف الواقع

على المرأة ببعض النظم الاجتماعية

المبحث الأول

علاقة العمر والقرابة ومكان السكن بالعنف الواقع على المرأة

المطلب الأول: العنف الواقع على المرأة في الأسرة وعلاقته بالعمر

كشفت نتائج الدراسة عن أن العنف الذي يمارسه الرجل على المرأة في الأسرة يشمل جميع الأعمار، حيث ضم الأحداث والشباب والرجال وكبار السن. وينطبق نفس التصنيف على الضحايا من النساء بفارق أساسي وهو أن المتصل العمري لدى المجني عليهن من ضحايا العنف يتسع في طرفيه ليبدأ من عمر سنتين حتى يصل إلى ٨٥ عاماً. وهذا يعني أن المرأة معرضة لممارسة العنف عليها منذ مراحل الطفولة الأولى وحتى مراحل الشيخوخة، مما يضيف قهراً جديداً عليها حيث أن المرأة في المراحل العمرية المبكرة والمتأخرة تكون غير قادرة فيزيقياً على الدفاع عن نفسها، كما قد تكون أيضاً غير قادرة اقتصادياً أو نفسياً لطلب الحماية القانونية. كما أن هناك إناثاً يبلغن من العمر سنتين تعرضن لعنف من الآباء لأسباب يرجع بعضها إلى عدم رغبة الأب في إنجاب إناث لكراهيته في البنات، وأخرى ترجع إلى الرغبة في الانتقام من الزوجة أو المطلقة. أما بالنسبة لكبار السن من المجني عليهم فيوضح نفس الجدول أنهن يتركزن في الأم أو الحماة. وترجع أهم أسباب العنف الذي يتعرضن له إلى رغبة الابن أو زوج الابنة في الاستيلاء على ممتلكاتهن بالقوة، كما أن الممتلكات المراد الاستيلاء عليها قد تكون ميراثاً أو مصاغاً أو شقة[1].

---

(1) د. ليلى عبد الوهاب، العنف الأسري، الجريمة والعنف ضد المرأة، ، دار المدى للنشر والتوزيع، ٢٠٠٠، ص ٧٣.

المطلب الثاني: العنف الواقع على المرأة

بحسب نوع القرابة في الأسرة

في إطار علاقات القرابة التي تشملها الأسرة المصرية، والتي تختص عن غيرها من الأسر في المجتمعات الغربية بخصائص تفرضها طبيعة الظروف الاجتماعية والاقتصادية والثقافية والقانونية، التي أدت إلى تعايش أنواع مختلفة من الأسر في ظل نظام الأسرة والزواج السائدين، فبرغم انتشار الأسرة النووية في الحضر على وجه الخصوص بين الطبقات البورجوازية الكبيرة والمتوسطة، نجد أنه لا زالت هناك استمرارية للأسرة الممتدة في الريف والحضر الشعبي، كذلك الأسرة المركبة في إطار نظام تعدد الزوجات، والأسرة ذات السكن المشترك في الحضر الشعبي الفقير، بل أنه قد لوحظ في العقدين الأخيرين أن كثيراً من الأسر النووية في الطبقة المتوسطة قد اضطرت تحت ضغط أزمة الإسكان وتأخر سن الزواج للفتى والفتاة، للعودة إلى شكل جديد من أشكال الأسرة الممتدة وذلك بإقامة الأبناء حديثي الزواج مع الأسرة في نفس السكن[(1)].

ومما يميز الأسرة المصرية أيضاً عن غيرها من الأسر في المجتمعات الغربية، أن الأبناء يظلون تحت رعاية ومسؤولية الآباء والأمهات، ليس فقط إلى سن الانتهاء من التعليم، أو حتى الحصول على عمل، بل لحين زواجهم، وإلى ما بعد الزواج سواء بالرعاية الاقتصادية المتمثلة في مساعدة الأسرة لهم مادياً خاصة بالنسبة للأبناء الذكور، واجتماعياً من خلال رعاية الأم أو الحماة لأطفال الابن أو الابنة.

---

(١) د. ليلى عبد الوهاب، مصدر سابق، ص ٦١-٦٣.

إن تنوع علاقات القرابة داخل الأسرة المصرية وتنوع أشكالها، جعل العنف الأسري في مصر يختلف عنه في المجتمعات الأوروبية التي يسودها ويسيطر عليها شكل الأسرة النووية، وعليه فقد تبين من خلال العديد من الدراسات التي أجريت على ظاهرة العنف في تلك المجتمعات أن الزوجات هم أساساً ضحايا هذه الظاهرة، ثم يأتي بعدهم الأطفال الذين ينالهم بعض الأذى من وجودهم في أسرة يسودها العنف Violent Family.

أما إذا تأملنا الظاهرة داخل الأسرة المصرية، فإن نتائج الدراسة تكشف عن أن المرأة الضحية تشمل الزوجة والأم، والأخت، والابنة، والحماة وزوجة الأب، وأخت الزوجة، وابنة الخالة، وابنة العم. حقيقة أن التحليل الكمي قد كشف عن أن الزوجات يشكلن أعلى نسبة في ضحايا العنف حيث تصل نسبتهن في حالات الصحافة إلى ٦٦,٦%، وفي حالات المحاكم إلى ٧٦,٨% ولكن هذا لم يمنع من وجود ضحايا ذات صلات قرابة مختلفة. ويلفت النظر أن تأتي نسبة الضحايا من الأمهات في المرتبة التالية على الزوجات في حالات الصحافة، وتمثل نسبتهن ١٠,٥%، وفي المرتبة الثالثة في حالات المحاكم ويمثلن نسبة ٦,٣% وتصل نسبة الضحايا من الأبناء في حالات الصحافة إلى ٦,٧%، تشمل الأبناء من الذكور والإناث، ويذكر أن نسبة الضحايا من الأبناء الذكور، والتي تشكل حوالي ٢٨,٦% من جملة عدد الأبناء، قد جاءت نتيجة رغبة الزوج في الانتقام من زوجته أو مطلقته. أما نسبة الضحايا من الأخوات فتصل في حالات الصحافة إلى ٣,٨%، وفي حالات المحاكم إلى ٧,٤%.

وبنظرة على النتائج السابقة يمكننا استخلاص حقيقة هامة مؤداها أن المرأة في الأسرة المصرية معرضة للنيل منها وممارسة العنف عليها بصرف النظر عن نوع ودرجة القرابة بالرجل، أو بالمرحلة العمرية التي تمر بها، وهذا يتضح بجلاء من

نوعيات القرابة الخاصة بضحايا العنف من النساء التي تشمل إلى جانب الزوجة الأم، والأخت، والابنة. فهذه النوعيات علاوة على أنها تمثل صلات قرابية مختلفة، فهي تعبر أيضاً عن مراحل عمرية مختلفة، وهذا ما سوف نستكمله عند تحليلنا وعرضنا لعلاقة العنف الواقع على المرأة بمتغير العمر.

أما النسبة الجديرة بالتأمل في جملة النتائج الخاصة بضحايا العنف من النساء ونوع القرابة، فهي نسبة الضحايا من الأمهات. حقيقة أن نسبة الضحايا من الزوجات تشكل أعلى نسبة وهي مسألة يمكن تفسيرها في ضوء الصراع القائم على علاقات القوة غير المتكافئة بين الزوج والزوجة داخل الأسرة وفي ظل مجمل الأوضاع الاقتصادية والاجتماعية والثقافية والقانونية السائدة في المجتمع، وهي الأوضاع التي سبق أن تعرضنا لها بالتفصيل في الجزء الأول من الدراسة الخاص بالإطار النظري، إلا أن نسبة الضحايا من الأمهات تستأهل التوقف عندها ومحاولة تفسيرها عسى أن تعيد النظر في كثير من المفاهيم والأفكار السائدة عن مكانة الأم في الأسرة، وتكشف عن التناقضات الاجتماعية والثقافية التي تميز وضع المرأة في المجتمع.

وكما سبق أن أشرنا، فإن الثقافة السائدة تعبر في واقع الأمر عن أوضاع وعلاقات اجتماعية اقتصادية تمليها عمليات تقسيم العمل الاجتماعي والجنسي التي تكتسب مضموناً طبقياً وأبوياً في ظل ملكية وسائل الإنتاج، وتطور القوى الإنتاجية. وتكتسب الأم في ظل العلاقات الإقطاعية أو شبه الإقطاعية مكانة أعلى منها في ظل العلاقات الرأسمالية، نظراً لتأكيد العلاقات الإقطاعية على دور المرأة العائلي، خاصة دورها في عملية الإنجاب ورعاية الأبناء أي دورها كأم. إلا أن سيطرة النظام الأبوي على العلاقات داخل الأسرة يحد كثيراً من المكانة التي تحصل عليها الأم، بل يفرغها من أي مضمون اجتماعي حقيقي ويعبر النسق الثقافي السائد في

المجتمع المصري خاصة في الريف – فيما يتعلق بوضع المرأة ومكانتها – عن استمرار تحكم الأوضاع والعلاقات شبه الإقطاعية، ويتضح هذا من تأكيد وتكريس الثقافة السائدة بعناصرها وروافدها المختلفة على أن دور المرأة المنزلي هو الدور الأساسي والحتمي. وقد حاول الأدب والدراما والشعر تأكيد ذلك من خلال تقديم المرأة الأم في صورة تحمل معاني التفاني والإخلاص والطاعة، ويسقط عليها نتيجة لذلك قدراً من المكانة العالية وأحياناً القدسية، ومع هذا يكشف الواقع الثقافي عن مضامين تخالف ذلك في كثير من الأحيان، وأصدق مثال على ذلك أنه إذا أراد رجلاً أن ينعت ويسب رجل آخر ويمعن في تحقيره وإذلاله، يصفه بأنه امرأة أو ابن امرأة. إن التناقض القائم بين وضع المرأة ومكانتها في ظل علاقات الإنتاج السائدة وبين النسق الثقافي وما يحمله من مضامين تكرس دونية المرأة وتحقر من شأنها، يؤكد على أن العلاقات والسلطة الأبوية تمارس تأثيراً أقوى وأشد في تحديد وضع المرأة ومكانتها، وهذا ما أثبتته العديد من الدراسات التي أوضحت أن الاستقلال الاقتصادي للمرأة ليس كافياً لتحقيق تحررها الاجتماعي.

لعل التحليل السابق يفسر لنا سبب وجود نسبة من الأمهات بين ضحايا العنف من النساء. ويكشف في نفس الوقت عن أن صورة الأم كما تقدمها الدراما والأدب والشعر، لا تعبر عن الواقع تعبيراً حقيقياً، وهي في الغالب صورة رومانسية تؤكد على الدور العائلي للمرأة في ظل علاقات الإنتاج المختلفة.

ويمكن التعرف على المزيد حول علاقة العنف الواقع على المرأة ونوع القرابة، عند مناقشة الأسباب المؤدية إلى العنف.

المطلب الثالث: العنف الواقع على المرأة:

في الأسرة في الريف والحضر:

أشرنا من قبل عند عرضنا للمنهج والإجراءات أن عينة المحاكم تمثل الريف فقط، بينما تشمل عينة الصحافة الريف والحضر معاً. لذا فسوف نبدأ بعرض ومناقشة نتائج عينة الصحافة وما كشفت عنه من توزيع إيكولوجي لظاهرة العنف ضد المرأة في الأسرة، نتبعه بعرض لنتائج المقابلات التي أجريت مع الإخباريين في عدد من القرى لإلقاء مزيد من الضوء على ظاهرة العنف ضد المرأة في الريف المصري.

وتوضح نتائج الدراسة أن العنف الواقع على المرأة يزداد في الحضر عنه في الريف بفارق يصل إلى حوالي ١٠%. كما يتبين أن الحضر قد حظي بنسبة ٥٤,٣% من إجمالي الحالات، بينما يمثل العنف الواقع على المرأة في الريف نسبة ٤٥,٧%، وبرغم ارتفاع نسبة العنف في الحضر عن الريف إلا أن النسب الموضحة تبين أن الفارق ليس كبيراً، مما يعني أن العنف ضد المرأة ينتشر في الريف والحضر على السواء(١).

وبإلقاء نظرة على توزيع العنف الواقع على المرأة في الأسرة إيكولوجيا، يمكننا الكشف عن مزيد من العلاقة بين ظاهرة العنف وبعض السمات الحضرية المرتبطة بها. وقد أظهرت نتائج الدراسة أن العاصمة قد حظيت بأعلى نسبة بين مختلف المناطق الحضرية المنتشرة على مستوى الجمهورية، حيث وصل نسيب مدينة القاهرة الكبرى فقط إلى ما يقرب من ٥٤,٥% من إجمالي الحالات الحضرية، أما النتيجة الأهم والأكبر دلالة سوسيولوجيا فهي انتشار غالبية الحالات في المناطق الشعبية الفقيرة المكتظة بالسكان. وتأتي منطقة أمبابة على رأس هذه المناطق، فحلوان ودار السلام، فالهرم والطالبية، فالبساتين، فالمطرية، فبولاق الدكرور، فباب

---

(١) د. ليلى عبد الوهاب، العنف الأسري، الجريمة والعنف ضد المرأة، مصدر سابق، ص ٧٦-٨١.

الشعرية، فمنشية ناصر، فالدرب الأحمر، فالسيدة زينب، فشبرا، فالأزبكية، فعابدين. هذا بينما لم يزد نصيب الأحياء المسماة بالراقية عن حوالي ١٦% من إجمالي حالات القاهرة الكبرى، تركزت في ثلاث مناطق هي العجوزة، والدقي، ومصر الجديدة.

وتأتي هذه النتيجة لتوضح مع غيرها من النتائج التي سبق أن عرضنا لها حول علاقة العنف بمستوى التعليم ونوع المهنة، إن العنف الأسرى ضد المرأة ينتشر بين أبناء الطبقات الشعبية الفقيرة، وهذا في حد ذاته يؤكد حالة التناقض الطبقي القائم في المجتمع، وما يعكسه من سوء توزيع للثروة والخدمات والمرافق بين السكان في المناطق المختلفة، مما يدفع بأعداد كبيرة من سكان الريف الأكثر حرماناً للهجرة إلى المدن الكبرى والعواصم بحثاً عن فرص عمل أو مستوى معيشي أفضل. وتعد ظاهرة الهجرة الداخلية إحدى الظواهر المسئولة ليس فقط عن نشأة ما يسمى بظاهرة تريیف المدن، بل أيضاً عن زيادة معدلات الفقر والبطالة وما يصاحبها من زيادة في معدلات الجريمة والانحراف والعنف سواء داخل الأسرة أو في المجتمع بصفة عامة.

هذا عن بعض السمات الحضرية المرتبطة بظاهرة العنف ضد المرأة، أما إذا أردنا المزيد من التعرف على ظاهرة العنف الأسري بشكل عام والعنف ضد المرأة بشكل خاص في الريف المصري، فإن النتائج التي تم استخلاصها من المقبلات التي أجريت مع ثلاثة من الإخباريين اثنين من العمد وشيخ بلد، سوف تفيد في فهم مزيد من أبعاد الظاهرة وعلاقتها وآلياتها. ويمكن تلخيص أهم هذه النتائج في الآتي:

أولا: تتجه الصراعات داخل الأسرة أو في القرية بصفة عامة إلى استخدام القوة والعنف، كثيرا ما يتخذ العنف صورا في غاية الحدة والقسوة. وتنشب

الصراعات العنيفة بين الأفراد في القرية في رأي الإخباريين من أبنائها لأسباب يرون أن أغلبها يعود إما إلى النزاع على المياه سواء مياه الري أو الشرب، أو النزاع على تقسيم التركة بين الورثة أو التعدي على ممتلكات أو حيازة الغير من أراض ومراوي ومصارف. وغالبا ما يلجأ أطراف الصراع إلى حسم صراعاتهم بأنفسهم عن طريق استخدام القوة والعنف، ونادرا ما يلجأون إلى الجهات التنفيذية المسئولة عن حل مثل هذه الصراعات والمنازعات كالجمعية الزراعية، ومسئولي الري، ومسئولي الزراعة ومراكز الشرطة والقضاء. ويفسر الإخباريون ذلك لعدم ثقة الأهالي في التعامل مع هذه الجهات خاصة إذا تعلق الأمر بأقسام الشرطة أو القضاء، لما يتكبده المواطن من مشقة مادية ونفسية.

وفي واقع الأمر أن هذه النتيجة تكشف عن جانب هام من جوانب الصراع الذي يميز علاقات الأفراد في الريف المصري وهو جانب تهمله كثير من الدراسات التي أجريت على القرية، والتي اهتمت في المقام الأول بالتركيز على طابع الاستقرار والثبات، ونمط العلاقات القائم على التساند والتكافل والتعاون.

ثانيا: يرى الإخباريون أن العنف الأسري في القرية غالبا ما يقع من الزوج على الزوجة، أو على زوجات الأخوة، أو على الأم أو الحماة، إلا أنه في بعض الحالات تمارس المرأة العنف على المرأة، كما أنه في أحيان نادرة ما تمارس المرأة العنف على الرجل وذلك عندما تشارك المرأة الزوج أو الأخوة في عراك مع طرف آخر سواء داخل الأسرة أو خارجها. وفي هذه الحالات قد تلجأ المرأة مثلها مثل الرجل إلى استخدام الآلات الحادة في ممارستها للعنف.

ثالثا: يرى الإخباريون أن الإقامة والحياة المشتركة تعد أحد العوامل المسئولة عن العنف في الأسرة الريفية، حيث يقيم الزوج والزوجة مع أهل الزوج في مسكن واحد، مما يخلق مشاحنات بين الزوجة والحماة، أو الزوجة وأخوات الزوج، أو

زوجات الأخوة ويفيد الإخباريون أن العنف ينشأ عندما ينحاز الزوج إلى جانب أحد الأطراف فيقع العنف أما على الزوجة، أو على الأم و الأخوات، ويرون أن العنف غالبا ما يقع على الزوجة في مثل هذه الحالات حيث ينحاز الزوج إلى جانب أمه وإخوته خاصة إذا تعلق الأمر بالنزاع على تقسيم العمل المنزلي.

رابعا: بدأت تظهر في الآونة الأخيرة الرغبة الملحة لدى الأبناء في الاستقلال المعيشي عن أسرة الأب و الإقامة المنفردة في مسكن خاص. ومن أجل تحقيق هذه الرغبة يلجأ الأبناء إلى افتعال أسباب للنزاع يستخدمون فيها العنف يوجهونه إما إلى الأم أو الشقيقة أو زوجة الأخ، أو الأب، ليبرروا بذلك سبب رغبتهم في الانفصال عن منزل العائلة. وفي هذه الحالة ينحاز الزوج إلى الزوجة عند نشوب أي خلاف بينها وبين أحد أفراد الأسرة، بل ويشتركان معا في ممارسة العنف على الأطراف الأخرى.

ويفسر الإخباريون ظهور اتجاه الأبناء نحو الانفصال المعيشي عن أسرة الأب والرغبة في الإقامة المستقلة، إلى زيادة دخول الأبناء نتيجة للهجرة والعمل في البلاد النفطية، أو ترك مهنة الزراعة التي كانوا يمارسونها تحت إشراف الأب. للعمل في مهن أخرى تدر دخلا أعلى كالنقاشة، والسباكة، وإعطاء دروس خصوصية إلى غير ذلك من المهن غير الزراعية .

ويذكر الإخباريون أن ارتفاع دخل الأبناء الناتج عن الهجرة أو امتهان مهنة غير الزراعة قد ساعد على إضعاف سلطة الأب على الأبناء داخل الأسرة، وأصبح من السهل على الابن أن يتخذ قراراً دون الرجوع إلى الأب الذي كان ينفرد باتخاذ القرارات الخاصة بالأسرة وجميع أفرادها. ويرى الأخباريون أن الاهتزاز والضعف الذي أصاب السلطة الأبوية قد ساعد على زيادة حجم العنف داخل الأسرة. وهكذا نستطيع أن نقرر حقيقة أن التغيرات البنيوية التي شهدها المجتمع

المصري بصفة عامة ومجتمع القرية بصفة خاصة قد ساهمت في إحداث درجة من التحرر عن السلطة الأبوية التقليدية، ولكن يبقى تحفظ حول أن هذا التحرر يتم في إطار عنيف، ويرتبط بالأبناء الذكور دون الإناث، مما يؤكد أن السلطة الأبوية تمارس تأثيرها الأقوى على المرأة منها على الرجل.

خامساً: يفيد الأخباريون أن من بين أهم أسباب العنف الأسري ضد المرأة - الزوجة على وجه الخصوص - شروع الزوج في الزواج بأخرى، والسعي وراء إجبار الزوجة الأولى على ترك منزل الزوجية والتنازل عن حقوقها المالية قبل الزواج، أو الرضا بأقل القليل أو على أحسن الفروض الرضا والاستسلام للأمر الواقع والعيش مع الزوجة الثانية. ويذكر أحد الأخباريين أن الخضوع والإذعان لشروط الزوج يحدث في الغالب للمرأة الفقيرة التي - على حد تعبيره - ليس لها مال أو أهل يسندها، والزوج يعلم أنه كلما مارس عليها ضغطاً وعنفاً كلما زادت التنازلات من جانب الزوجة، لذا فهو يلجأ إلى ضربها وطردها من مسكن الزوجية، فإذا طلبت الطلاق يساومها على النفقة ومؤخر الصداق وحتى منقولات بيتها. ويذكر نفس الأخباري أن هذه الظاهرة كثيراً ما تحدث في الأوساط الفقيرة في القرية التي تشكل الأغلبية، ولا تستطيع المرأة في هذه الأوساط أن تلجأ إلى القضاء حيث لا قبل لها بنفقات التقاضي أو بطول إجراءاته.

سادساً: يذكر الأخباريون أن العنف الأسري في القرية يبدو أكثر وضوحاً إذا ما تعلق بالأمر بالميراث وتوزيع التركة، وقد يصل العنف عند النزاع على توزيع التركة حتى بين الأشقاء إلى حد ارتكاب الجريمة والاعتداء المباشر باستخدام الآلات والأدوات الحادة، ويقرر الأخباريون أنه في هذه الحالة تتساوى جميع الأسر في القرية، لا فرق بين الأسر العريقة ذات الحيازات الكبيرة، وبين أفقر الأسر التي لا تملك سوى قراريط قليلة. وعن وضع المرأة في العائلة ذات الملكية، فإنه عند

توزيع التركة لا يكون للإناث أي دور أو رأي في نصيبهن من التركة، ولا قبل لهن بالصراع الدائر حول الميراث وهن عادة ما يقبلن أي قسمة أو نصيب يقرره الرجال (الأخ الأكبر أو العم)، وغالباً ما يحدث غبن شديد في تحديد أنصبة الإناث، ومع هذا لا يجرؤون على المطالبة بحقوقهن إلا في حالات خاصة عندما تكون المرأة متزوجة من رجل ذي شأن ومكانة في القرية، وعندئذ يشترك زوجها باسمها في الصراع الدائر على توزيع التركة.

سابعاً: وأخيراً يرى الأخباريون أن هناك علاقة مباشرة بين تعاطي المخدرات وزيادة انتشار ظاهرة العنف ضد المرأة في الأسرة الريفية. فحيثما تعجز الموارد المالية الخاصة بالزوج أو الابن المتعاطي عن تدبير الجرعات المعتاد عليها، يلجأ إلى مدخرات الزوجة أو الأم، وفي حالة رفضها إمداده بما يريد من مال يستخدم القوة والعنف من أجل تحقيق ذلك. ويفسر الأخباريون انتشار ظاهرة تعاطي المخدرات ولعب القمار في القرية، بزيادة دخول بعض الأفراد الناتج عن الهجرة أو امتهان عمل غير الزراعة، كما يفسرونها أيضاً بزيادة نسبة العاطلين من الشباب ورغبتهم في تقل أوقات فراغهم.

المبحث الثاني

العنف وعلاقته بالبناء الاجتماعي للمجتمع الأردني

البناء الاجتماعي الكلي لأي مجتمع هو نسق من الأبنية المنفصلة المتمايزة التي تقوم بينها، ومع تمايزها وانفصالها، يوجد بينها علاقات متبادلة تكمل بعضها، ويضم البناء الاجتماعي النظام السياسي والاقتصادي والديني والثقافي، وتعد هذه الأنظمة الدستور الذي يستمد منه الأفراد معاييرهم وقيم سلوكاتهم، وإذا ما أردنا دراسة ظاهرة ما، لا بد لنا من العودة إلى الجذور الرئيسية لها بربطها بالنظم الاجتماعية السائدة في المجتمع، من أجل الوقوف على حقيقة أسبابها ومصادرها، و في هذا المبحث سوف نتناول بالتفصيل ربط ظاهرة العنف ضد المرأة بالأنظمة الاجتماعية، لمعرفة التتبع التاريخي لها.

النظام الثقافي[1]:

يعد المجتمع الأردني مجتمعاً أبوياً، يمتاز بسيادة الرجل (أب، أخ، زوج) الذي يستمد فاعليته وقوته من نسق من القيم والمعايير، التي تحدد أدوار الذكور والإناث، ومكانة كل منهما في المجتمع، والتي حرصت على إبقاء الرجل في موقع السيادة والسلطة، والتقليل من أهمية الأدوار المعطاة للمرأة بالرغم من فاعليتها وضرورتها داخل المجتمع.

وتعد هذه النظرة وليدة الماضي وحاضر المستقبل، بسبب طبيعة الحياة البدوية والظروف الصحراوية القائمة على حياة الغزو والترحال التي منحت الرجل دور

---

(١) د. أمل سالم عواودة، العنف ضد الزوجة في المجتمع الأردني، دراسة اجتماعية معينة من الأسر في محافظة عمان ط١. ٢٠٠٢، ص. ٣٨-٤٢.

القيادة في الدفاع عن الأرض والممتلكات وحمايتها. وتتجلى مظاهر العنف ضد امرأة في النظام الثقافي عند ولادة الأنثى التي تقابل بالحزن وخيبة الأمل "وإذا بشر أحدهم بالأنثى ظل وجهه مسودا وهو كظيم" (القرآن الكريم، سورة النحل، آية ٥٨).أما ولادة الذكر، فمبعث فرح وأمل للأسرة؛ لأن في ولادته تعزيزا لمكانة الأم ورفعا لشأنها، إذ تعزز الثقافة إنجاب الزوجات للأبناء الذكور وتدعو لتطليق العاقر، كما تعد ولادة الذكر عنوان قوة "وعزوة" للعائلة، لأن في ولادته زيادة للأيدي العاملة داخل الأسرة إذ ساد في أحاء الشرق العربي، أن العائلات المتفوقات اقتصاديا واجتماعيا هي العائلات التي تضم العدد الأكبر من الذكور.

وهذا ما جعل رب الأسرة عندما يسأل عن عدد أبنائه يجيب بعدد الذكور فقط، وعندما تسأل الزوجة تجيب بعدد الإناث أولا خوفا من العين والحسد، ولا تجيب بعدد الذكور، إلا إذا طلب إليها ذلك.

وتبدأ عملية التنشئة الاجتماعية التي يبدو فيها التمييز الجنسي واضحا بإعطاء الذكر حرية اللعب والعمل والتعليم والخروج لتنمية هواياته، في حين تحرم الفتاة الخروج و اللعب والعمل والتعليم. ويقول هشام شرابي في كتابه "مقدمة لدراسة المجتمع العربي" إن هذا التمييز من مصلحة الأنثى، لأنه يتيح لها شيئا من الحرية بجعلها قادرة على تطوير قواها الذاتية في استقلال وسرعة لا نجدها عند الذكر.

ومن أهم الأدوار التي تنشأ عليها الأنثى دور الزوجة، إذ إن ثقافة المجتمع ترى أن الوضع الطبيعي للمرأة الزواج، ويأخذ مفهوم الزواج في بناء المجتمع الأردني مفهوم "السترة" للفتاة والشاب على حد سواء، وهذا يجعل الآباء يحرصون على تزويج بناتهم في سن مبكرة، لاعتقادهم أن الزواج المبكر للفتاة فيه صون لعفتها وطهارتها وحماية لشرفها وشرف عشيرتها، كما يعتقدون بأن ذلك يزيد في معدلات الإنجاب والإخصاب. ويعد الزواج تقليدياً شأناً عائلياً ومجتمعياً أكثر منه فردياً، إذ

ترتب العائلة الزواج وليس الفرد المختص حسب مصالحها وطموحاتها ومفاهيمها عن المال والجمال والأخلاق مسترشدة بالتقاليد الموروثة.

وليس هذا فحسب، بل "إن حق اختيار الزواج بقي حتى الوقت الحاضر وفي معظم الأوساط الشعبية حق للأهل تراعى فيه المصالح الجماعية، ويشارك فيه الأقرباء والأصدقاء".

وتحرم الفتاة اختيار شريك حياتها أو استشارتها في بعض الأحيان، مع أن الإسلام أعطى المرأة حق اختيار شريك الحياة وجعل موافقتها شرط قبول العقد، ومن أكثر أنماط الزواج شيوعاً في المجتمع الأردني نمط الزواج من الأقارب، أو ما يسمى بالزواج الداخلي؛ لأن هذا النمط يعمل للمحافظة على الثروة والملكية الخاصة بالجماعة القرابية وضمان عدم تسربها إلى خارج العشيرة.

ويرى فريق آخر أن زواج الأقارب بدأ منذ عصر الاهتمام بالعائلة والقبيلة، بسبب قوة العلاقات الداخلية بين المتجاورين والسكن العائلي في بيوت متجاورة أدى ذلك إلى تواتر اللقاءات بين الذكور والإناث وبالتالي حصول الزواج.

وتقوم العلاقة الزوجية على أساس الخضوع والطاعة العمياء، فلا يحق للزوجة إبداء رأيها في أمور الأسرة، وغالباً ما يستبعد رأيها في القرارات العائلية، ويعد من حق الزوج ضرب زوجته، حسب المفهوم السائد للعلاقة الزوجية. وتشير نوال السعداوي إلى أن علاقة الزوج بالزوجة تشبه علاقة السيد بالعبد، فلا تختلف ملكية الرجل للمرأة كثيراً عن ملكية السيد للعبد، فالرجل يشتري المرأة بمقدم الصداق، وواجبها الطاعة والخضوع وإذا ما تذمرت أو مرضت أو وهنت، باعها الرجل بحقه المطلق في الطلاق. (السعداوي، ١٩٧٢).

وتمارس هذه الظاهرة الطبقات والمجتمعات كافة، بغض النظر عن المستوى الاقتصادي أو التعليمي أو الاجتماعي لممارسيه، وتزداد هذه الظاهرة كلما اتجهنا إلى أسفل السلم الاجتماعي حيث الجهل والفقر. (المكتب التنسيقي لشؤون مؤتمر بكين، ١٩٩٥).

وقد يرافق هذه الظاهرة التستر والكتمان، فترى المرأة من حق الرجل عليها الضرب، ولا تعده انتهاكاً لحقوقها؛ لأن ما أملاه عليها المجتمع هو الطاعة والخضوع للرجل.

ومن أهم المظاهر الاجتماعية الملتصقة بالمرأة في المجتمع الأردني القتل على خلفية الشرف، ويقصد به "أن تقيم الفتاة أو المرأة علاقة برجل خارج إطار الزوجية، ولا يعتبر الرجل الذي يقيم هذه العلاقة مخلاً بالشرف لأن مفهوم الشرف وفق هذا التعريف لا يطبق إلا على المرأة وهنا يبرز التمييز الواضح من المجتمع لصالح الرجل، ففي الوقت الذي يعاقب حتى الموت أحد شقي العلاقة (وهو المرأة) يغض الطرف كلياً عن الشق الثاني (وهو الرجل) علماً بأن الرجل والمرأة أقدما على نفس الفعل ووفق إرادة كل منهما.

وقد ساعدت طبيعة البناء الاجتماعي للمجتمع الأردني في تسييس القوانين كما تريد، إذ جاء في قانون العقوبات الأردني التمييز بين المرأة والرجل فيما يسمى: جرائم الشرف، فقد أعطت المادة (٩٧) من قانون العقوبات من يقدم على قتل إحدى النساء من قريباته، تخفيف الحكم:

١- إذا كان الفعل جناية توجب الإعدام أو المؤبد، حولت العقوبة إلى الحبس سنة على الأقل.

٢- إذا كان الفعل يؤلف إحدى الجنايات الأخرى، كان الحبس من ستة أشهر إلى سنتين.

٣- إذا كان الفعل جنحة، فلا يتجاوز العقوبة الحبس إلى ستة أشهر، أو دفع غرامة مقدارها ٢٥ ديناراً.

وجاء في القانون تحت عنوان العذر في القتل:

١- يستفيد من العذر من فاجأ زوجته أو إحدى محارمه حال التلبس بالزنا، وأقدم على قتلها أو إيذاء كليهما.

ولكن المرأة التي تفاجئ زوجها على فراش الزوجية مع امرأة أخرى وأقدمت على قتله لا يخفف عنها الحكم.

الموروث الشعبي[1]

يعد الموروث الشعبي أحد الروافد المهمة في تحديد بنية الثقافة السائدة في المجتمع: "إذ يكشف لنا عن نفسية وخصائص الشعوب ويساعد على فهم الحالة الاجتماعية والسياسية والاقتصادية للأمم، كما يعتبر أداة ضبط ودستور للحكم على سلوك ومعايير الغير، ويعتبره البعض قاعدة أساسية يرتكزون عليها في اتخاذ القرارات والحكم على المواقف متناسين أن الأمثال قيلت في مناسبات وظروف مختلفة، وما يصح لموقف لا يصح لغيره، وتكتفي الإشارة هنا إلى بعض الأمثال الشعبية التي تحمل في مضمونها العنف ضد المرأة.

ويبدو أول مظاهر العنف في تفضيل إنجاب الذكور على الإناث، إذ يدعو إنجاب الذكور للفرح والسرور، في حين يعم الحزن والأسى الأسرة عند إنجاب

---

(1) د. أمل سالم عواودة، العنف ضد الزوجة في المجتمع الأردني، مصدر سابق، ص. ٤٢-٤٤.

الإناث، وتنعكس الحالة على الأم؛ فمن تنجب الذكر، لها الاحترام والتقدير، ومن تنجب الأنثى لها الويل والطلاق، إذ يقول المثل: "مكروهة وجابت بنية" و "صوت حية ولا صوت بنية". ويعود السبب إلى أن ثقافة المجتمع ترى في إنجاب الإناث هماً وتعباً وشقاء للأسرة، إذ تقول: "يا مخلفة البنات يا مخلفة الهم للمات"، ويقول "هم البنات للمات لو عرايس أو مجوزات". ومن أجل تخفيف هم البنات، يزوج الأب بناته في سن مبكرة، لأن في الزواج حماية لشرفها، وصوناً لعفتها، كما أن الزوج يزيح عن كاهل الأسرة عبئاً اقتصادياً واجتماعياً يفرضه إنجاب البنات، ويقول: "الزواج سترة"، و "البنت أم جبرها أو قبرها".

وتؤكد الفتاة ثقافة مجتمعها وتقول: "نار جوزي ولا جنة هلي" وتحذر الثقافة الشعبية الفتاة من عدم الزواج وتدفعها لاختيار زوج لها بغض النظر عن مضمونه وصفاته، وما يهمها أن تكون في ظل رجل فتقول: "ظل راجل ولا ظل حيط" وتقول "الجوز رحمة لو ما بجيب فحمة".

ومع أن الأمثال تؤكد ضرورة الزواج للفتاة، فإنها لا تسمح لها باختيار شريك الحياة معتقدة أنها غير قادرة ومؤهلة على الاختيار لنقص كفاءتها وخبرتها الحياتية، يقول المثل: "إن تركوا البنت على خاطرها يا بتوخذ طبال يا زمار" لذا تطلب إلى الآباء الاختيار لبناتهم: "اخطب لبنتك قبل ما تخطب لابنك".

وتعزز الأمثال مظاهر العنف ضد المرأة في علاقتها بالرجل، إذ تحذر الرجال أخذ آراء النساء في القرارات العائلية وعدم مشاركتهن، فهن غير قادرات على التصرف الحكيم، ويقول المثل في ذلك: "شاوروهن وخالفوا شورهن" "مرة ابن مرة اللي يشاور مرة" ومنعت الزوج من كشف أسراره لزوجته فتقول: "اللي ببيح سره لمرته ندمان".

النظام الاقتصادي[1]:

يأتي النظام الاقتصادي كغيره من الأنظمة الاجتماعية الأخرى لفرض سيطرته وسيادته على حياة المرأة، بتثبيت علاقات القوة غير المتكافئة بين المرأة والرجل، مانحاً الرجل حق ملكية الأسرة وسيادتها، لكونه - كما قال باسونر - هو الوحيد الذي يقوم بالإسهام الاقتصادي للأسرة، وبذلك يعد الدور الاقتصادي للزوجة دوراً ثانوياً مهملاً.

بدأ المجتمع الأردني مجتمعاً بدوياً، حيث كانت غالبية سكانه من البدو الرحل، ويعتمد اقتصاده على تربية الإبل والماشية وغزو القرى المجاورة. وهذا جعل سيادة الرجل أمراً قائماً على مكانته الاجتماعية والاقتصادية الماثلة في الصيد والغزو والترحال، ولم تكن المرأة آنذاك تنظر من خلف الجدار إلى ما يصنع الرجل، بل عمدت إلى رعي الأغنام وجلب الحطب ونقل الماء وإعداد طعام البيت وتربية الأولاد، ونتج من ذلك أن "أصبحت الملكية جماعية والعلاقات تعاونية تتصف بالمساواة بين المرأة والرجل".

فامتد نفوذها وتمتعت بحرية اجتماعية كبيرة ونالت استقلالاً اقتصادياً حال دون اعتمادها على الرجل في كسب المال والثروة، حتى أصبحت تحتل مكانة عالية في المجتمع البدوي، ومع أن الآراء اختلفت في ذلك، فإن الحياة البدوية سمحت للمرأة بمشاركة الرجل العمل، ومنحتها تنشئة الأبناء، وسمحت لها اختيار الفتى الذي تريد، ويؤكد ذلك الرحالة "بيركهارت" عندما حضر حفلة عند جماعة من البدو، حيث كانت زوجات المدعوين وبناتهم حاضرات واشتركن في الحديث بحرية، كما

---

(١) د. أمل سالم عواودة، العنف ضد الزوجة في المجتمع الأردني، مصدر سابق، ص. ٤٤-٤٧.

ذكر "سيلان" أن نساء البدو يتمتعن بحرية تفوق الحرية التي تتمتع بها النساء في المدن.

ونستنتج من ذلك أن المجتمعات التي يسودها نظام تقسيم العمل القائم على أساس الجنس، والتي تعمل فيها المرأة إلى جانب الرجل، توفر لها القدر نفسه من السلطة والحرية والتحكم بالعمل، إضافة إلى التوزيع العادل في الثروة والملكية.

وبعد أن استقلت المملكة وارتبط الأردن لأول مرة بعجلة الاقتصاد العالمي، بدأ يتحول النظام الاقتصادي إلى نظام أحادي تقليدي، يعتمد على الزراعة التقليدية التي تتطلب قوة بشرية تعمل في الحقل، فأصبح لزاماً على المرأة أن تعمل إلى جانب الرجل: تحرث الأرض وتزيل الأعشاب وتجني المحصول، وتسوق المنتجات الزراعية وتعد الطعام وتطحن الحبوب وتربي الدواجن، وتعتني بالماشية، فنشأت الملكية الخاصة وخسرت المرأة مساواتها مع الرجل. وهذا يعني أنها أصبحت أجيرة مستخدمة تحت إمرته دون أجر أو راتب، حتى كادت العلاقة بينهما تصل إلى حد علاقة السيد بالعبد أو المالك بالمملوك.

ويتحول النشاط الاقتصادي من زراعي إلى صناعي بعد الثورة الصناعية والتقدم التكنولوجي، حدثت تغييرات بنائية وظيفية أصابت المجتمع الأردني، جعلت المرأة تخرج إلى سوق العمل، وتساهم في العملية الإنتاجية، وتحصل على الاستقلال الاقتصادي، وتكتسب وعياً متزايداً بواقعها الاجتماعي، فظهرت الكاتبة والمفكرة والمهندسة والأستاذة والطبيبة، لكنها لم تحصل على الموقع نفسه الذي حصل عليه الرجل، بسبب تأخر خروجها إلى الأنشطة الفكرية والمهنية.

هذا التحول الذي حققته المرأة أفرز لها عدداً من المشكلات الاجتماعية على صعيد الحياة الأسرية، فقد ارتفعت نسبة الطلاق بسبب خروج المرأة للعمل،

وأصبحت مضطهدة ومقهورة بسبب نمو وعيها وتحسين وضعها أمام الرجل الباقي على دونيتها وتبعيتها له حتى يبقى الحاكم والسيد في البيت، ويقول باسونز في نظريته عن أدوار الجنس "Sexroles" إن مصدر الصراع والتوتر في الأسرة يرجع إلى اتجاه المرأة لمنافسة الرجل في أدواره. كما يقول إنه إذا أتيح للمرأة دخول المجال المهني، فيجب ألا يؤدي الحراك المهني لها إلى وصولها إلى دروب من العمل تفوق تلك التي يتاح لزوجها أن يصل إليها، حتى لا يكون ذلك أمراً مدمراً لعلاقتها الزوجية.

ويظهر ذلك جلياً في المجتمع الأردني، عندما يمارس الزوج العنف على زوجته، فيمنعها من العمل لرعاية الأطفال والحفاظ على قوام البيت سليماً، ومن الأزواج من يجبرون زوجاتهم على العمل لتحسين أوضاعهم المعيشية، ويأخذون راتبها ويتصرفون به كما يشاءون، فالرجل يسعى دوماً لإبقاء سيطرته وسيادته على المرأة خوفاً من تحريرها الاقتصادي الذي يجد طريقاً آمناً لتحريرها الكلي، ويدعم هذا القول الدراسة التي أجريت على (٩٠) مجتمعاً تخضع فيه الزوجات لعنف الأزواج، إذ وجد أن المساواة الاقتصادية تعد العامل الرئيس في الحيلولة دون تعرض المرأة للعنف، وهكذا نجد أن العامل الاقتصادي أحد المفاتيح التي من شأنها أن ترفع المرأة وتساويها بالرجل، وفي الوقت نفسه، يفتح المجال أمام الرجل لممارسة أشكال العنف ضد المرأة، محاولاً إبقاء سيطرته وسيادته عليها.

النظام الديني[1]:

يدين غالبية سكان المجتمع الأردني الدين الإسلامي ويعدونه مصدراً لسلوكهم وعلاقاتهم، كما يستمدون منه أحكامهم وتشريعاتهم، وقد أوصى الإسلام بالمرأة

---

(١) د. أمل سالم عواودة، العنف ضد الزوجة في المجتمع الأردني، مصدر سابق، ص. ٤٧-٤٩.

خيراً، فساواها بالرجل في الحقوق والواجبات، وجعلها إنساناً مكرماً في الدنيا والآخرة، وأوصى بها خيراً.

فقد دخل أحد الصحابة إلى رسول الـلـه صلى الـلـه عليه وسلم وقال له: "ما حق زوجة أحدنا عليه يا رسول الـلـه؟ قال: "أن تطعمها إذا طعمت وتكسوها إذا اكتسيت، ولا تضرب الوجه، ولا تقبح ولا تهجر إلا في البيت" (رواه ابن ماجة في باب النكاح ١، ١٨ وأبو داود ٢١٤٢ شرح السنة: ١٠٣/٩).

وقال تعالى: ﭽ ﯙ ﯚ ﭼ. والمرأة بفطرتها وبحكم الوظيفة التي هيأها الـلـه لها، ظلت مرهفة الحس، رقيقة الشعور، جياشة العاطفة، سريعة التأثر "فمن حق المرأة على زوجها ديناً أن يرعى فطرتها، وألا يشتد عليها إذا غضب، وأن يسوسها باللين والرفق، وأن يتحمل منها الأذى في حلم وهوان ما لم ينتهك حرمات الـلـه، وأن يقتدي بسيرته معها برسول الـلـه صلى الـلـه عليه وسلم، فقد كانت أزواجه تراجعنه الكلام وتهجره الواحدة منهن إلى الليل" (السنهوري، ١٩٦٥).

وقد نهى رسول الـلـه صلى الـلـه عليه وسلم عن ضرب النساء، فتذمر الرجال، وجاء عمر ابن الخطاب إلى رسول الـلـه صلى الـلـه عليه وسلم فقال: "ذأرت النساء على أزواجهن" - أي تمردن واجترأن - فرخص في ضربهن، فثارت ثائرة النساء، وطاف جمع كثير منهن يسأله صلى الـلـه عليه وسلم، يعلن أنهن لا يرضين عما كان! فأخبر الرجال بهذا الطواف، وأعلمهم بأن من يضربون نسائهم ليسوا من الأخيار(السنهوري، ١٩٤٥).

وللزوجة على زوجها حق الموعظة والتهذيب إذا ما ظهرت عليها أعراض النشوز، أي التمرد والعصيان، ذلك في الحدود التي رسمها الـلـه - تعالى - في قوله: (فالصالحات قانتات حافظات للغيب بما حفظ الـلـه واللاتي تخافون نشوزهن فعظوهن

واهجروهن في المضاجع واضربوهن فإن أطعنكم فلا تبغوا عليهن سبيلا). (القرآن الكريم، الآية ٣٤ من سورة النساء).

وقسمت هذه الآية الكريمة النساء إلى نوعين: الأول صالحات، وهن لسن بحاجة إلى تأديب، لأنهن يقمن بما عليهن من حقوق الله والزوج. والآخر: المتمردات، وشرع لهن التأديب، لأن تركهن على انحرافهن يسبب شقاء لا تستقيم الحياة الزوجية به، وبينت الآية الكريمة طريقة التأديب، وجعلت له وسائل ثلاث:

١- الموعظة الحسنة، وتكون بنصحها وحضها على طاعة الله تعالى وطاعته، وتذكيرها بما عليها من حقوق مفروضة واجبة الأداء، وليس له أكثر من ذلك، فقد بين الرسول صلى الله عليه وسلم أن من حق الزوجة على زوجها ألا يقبح، أي: لا يسمعها المكروه ولا يشتمها ولا يقول لها قبحك الله أو نحو ذلك.

٢- الهجر، ويكون ذلك في المضاجع، بأن يوليها ظهره أو ينام في فراش آخر داخل البيت.

٣- الضرب، فضرب الزوجة في التشريع الإسلامي ليس بالعزيمة بل هو رخصة، ولا يحل استعمالها إلا مع زوجة لم تصلح معها الموعظة، ولم يفلح معها الهجر، والضرب المرخص فيه ليس ضرب وحشية ولا قسوة، ولا يكون بالصوت والعصا بل يكون باللكز، أي: بمثل السواك، شريطة ألا يترك أثراً، وأن لا ينال به الوجه، والمقصود بالضرب هنا ليس العقاب بقدر ما هو إشارة إلى السخط أو الغضب، (السنهوري،١٩٦٥). فالقرآن الكريم يعالج انحراف المرأة من القمة، ويعالج عن طريق العقل أولاً، ثم ينتقل إلى العاطفة، وبعد هذا ينتقل إلى الجسد بالضرب، لأن من لا يستجيب بعقله ولا يتأثر بعواطفه ينزل إلى مرتبة الحيوان الأعجم.

الفصل الرابع

آليات مواجهة

العنف ضد المرأة

الفصل الرابع

آليات مواجهة العنف ضد المرأة

في الواقع تتعدد الأساليب أو الآليات التي تستخدم في مواجهة العنف ضد المرأة وسوف نتناول هذه الآليات بشكل موجز وذلك على النحو التالي:-

أولاً: البعد الوقائي:

يمكن تلخيص الاستراتيجيات والتدابير الوقائية في مواجهة العنف ضد المرأة فيما يلي[1]:

١- يرتبط البعد الوقائي بعمليات التنشئة الاجتماعية حيث ينبغي أن تهتم الأسرة وغيرها من المؤسسات الاجتماعية بتنشئة الفرد وتربيته بشكل سوي على أساس المساواة بين الجنسين وتعليم الفرد أن الفروق بين الجنسين هي فروق بيولوجية أو تشريحية فقط فليس هناك تفضيل لجنس على آخر.

٢- ويدخل في إطار الوقاية زيادة وعي أفراد الأسرة بخطورة العنف الأسري وتزويدهم بالمعارف والمعلومات التي تؤدي إلى تطوير إطارهم المرجعي ومخزونهم المعرفي بشكل إيجابي بعيداً عن تطوير مظاهر العنف والعدوان كما أن للإعلام بوسائله المختلفة دوراً هام في إبراز أهمية العلاقة بين الرجل والمرأة وأنهما يمثلان وجهان لعملة واحدة وعدم نشر برامج العنف التي تساعد على العنف ضد المرأة في المجتمع والقضاء على مظاهر التمييز بين الجنسين ومقاومة الأفكار التقليدية السلبية وغير المرغوب فيها عن المرأة وإبراز الأدوار الإيجابية للمرأة في

---

(١) د. طه عبد العظيم حسين، سيكولوجية العنف العائلي والمدرسي، مصدر سابق، ص ١٤٧ - ١٤٨.

مختلف نواحي الحياة والتأكيد على الدور الفعال الذي تسهم به في جميع مجالات الحياة السياسية والاجتماعية والمهنية.

٣- العمل على توعية المرأة بحقوقها وواجباتها عن طريق الندوات والمحاظرات ووسائل الإعلام المختلفة.

٤- القضاء على البطالة بوصفها أحد العوامل التي تزيد من خطورة العنف ضد المرأة.

٥- ترسيخ وتعميق فهم أفراد الأسرة لمبادئ الدين الإسلامي الحنيف التي تؤكد على نبذ العنف والعدوان.

ثانياً: التدخل الاجتماعي في مواجهة العنف ضد المرأة:

لا شك أن وقف العنف ضد المرأة يمثل الهدف الرئيسي من التدخل الاجتماعي ويتم التدخل الاجتماعي لإيقاف العنف ضد المرأة من خلال عدة مراحل أساسية بدءاً من الحماية وإعادة التأهيل للمرأة المساء معاملتها إلى عقاب وعلاج الرجل المسيء لها ويتضح ذلك فيما يلي[1]:

١- حماية وتأهيل المرأة المساء معاملتها: ويمثل ذلك جانب هام من التدخل الاجتماعي ويكون ذلك من خلال إنشاء مراكز لاستقبال النساء اللواتي يقعن فريسة للعنف الأسر وإيوائهن مع أطفالهن عندما يتعذر عليهن البقاء في بيوتهن وتوفير الخدمات الطبية والدعم النفسي والاستشارات القانونية لهن وكذلك توفير خطوط هاتفية ساخنة على مدار ٢٤ ساعة لتلقي الشكاوي من ضحايا العنف من النساء وتقديم المساعدة لهن والعمل على توفير مراكز التدريب والتأهيل التي تمكنهن من

(١) د. طه عبد العظيم حسين، مصدر سابق، ص ١٤٨ - ١٥١.

إيجاد عمل مناسب لكسب رزقهن واستعادة استقلالهن المادين والنفسي وبالتالي استعادة كرامتهن وثقتهن بأنفسهن والاندماج في المجتمع ومن الضروري الإعلان عن هذه الخدمات بواسطة وسائل الإعلام المختلفة والنشرات والكتيبات وتعريف المرأة المساء معاملتها بالهيئات التي يمكنها تقديم المساعدة وتشجيعها على الاتصال بها وتزويدها بمعلومات منها وتبصيرها بدورها وطبيعة المساعدات التي تقدمها وهناك شكل آخر من التدخل وهو التعامل مع أطفالها الذين تعرضوا أو شاهدوا العنف الصادر نحوها وذلك للتخفيف من الآثار والأضرار الجسمية والنفسية الخطيرة التي تنعكس بشكل سلبي على البناء النفسي والاجتماعي لهؤلاء الأطفال وهنا يكون العلاج الجماعي هو أكثر أساليب العلاج النفسي ملائمة مع الأطفال لوقف انتقال الإساءة والعنف عبر الأجيال وهذا مما يساعدهم على عدم استخدام العنف في حياتهم المستقبلية.

٢- عقاب المعتدين من الرجال: في بادئ الأمر كان ينظر إلى العنف بوصفه مسألة خاصة تحدث في المنزل وتخص الأسرة وهي مكان مقدس وله سريته وخصوصيته وبالتالي فإن التدخل الخارجي لا يرحب به ولكن تطور الأمر تدريجياً وأصبح العنف في المنزل لم يعد يعامل بوصفه مسألة خاصة بل هي مشكلة نفسية واجتماعية ومن ثم يتطلب الأمر التدخل من المجتمع إذا دعت الضرورة إلى ذلك حيث أن هذا العنف الأسري لم تقف أضراره على الأسرة وحدها فحسب بل تمتد أثاره على المجتمع إذ يكلف المجتمع تكاليف باهظة وقد يتأتى العنف في صورته القصوى كالقتل ومن ثم لا بد من ضرورة التدخل من الشرطة والقضاء وتوقع العقوبات الشديدة على مرتكبي العنف ضد المرأة.

٣- علاج الرجال المسيئين: لا شك أن تغير الرجل المسيء وعلاجه سوف يؤدي إلى ظروف أفضل للمرأة والأسرة فالعلاج يعد استراتيجية هامة في مساعدة

الرجل المسيء على تعلم كيفية التحكم في عنفه ضد المرأة وهناك أشكال عدة من العلاج النفسي مبنية على العلاج الجماعي والتعليم النفسي والعلاج السلوكي المعرفي والعنصر الرئيسي في هذه البرامج العلاجية هو التعليم المباشر عن آثار العنف وأضراره وكيفية إدارة الغضب واحتواء الصراعات الزوجية والتدريب على التواصل وإدارة الضغوط.

وتوجد مناحي رئيسية عدة في علاج الرجل المسيء والمعتدي على الزوجة ويتضمن ذلك نموذج الاستبصار، ونموذج النسق الأسري ونموذج التعليم النفسي والنموذج السلوكي المعرفي ونموذج الحركة النسوية الذي يعتبر العنف جزء من تحكم وسيطرة الرجل على المرأة وهناك النموذج السيكودينامي في العلاج الذي يركز على حل الصدمات والمشاكل الانفعالية الموجودة في الطفولة لدى الرجل المعتدي ضد الزوجة وكذلك التدريب على الاسترخاء حيث يساعد المعتدي على تعلم مهارات الاسترخاء التي تساعد على الاسترخاء في أوقات الضغوط والغضب وبرامج التدريب على التحكم في الغضب خلال الصراعات الزوجية والتدريب على مهارة الوالدية حيث أن العنف ضد المرأة يؤثر بدوره على نحو الأطفال فتعلم مهارات الوالدية وأساليب التواصل بين الطفل والآباء يعد أمراً ضرورياً وهاماً في العلاج التي تقف خلف هذا التدخل السلوكي في علاج المعتدي هي أن سلوك العنف فتعلم نتيجة للتغيرات الموجبة والسالبة أي نتيجة لعملية الثواب والعقاب التي يتلقاها المعتدي.

٤- رابعاً: التدخل العلاجي في منظور العلاج السلوكي المعرفي[1]:

ويستهدف هذا التدخل تعديل أنماط التفكير الخاطئة لدى المعتدي حيث يتم التعرف على أخطاء التفكير لديه وخاصة تغيير مفاهيم القوة والتحكم في الزوجة إلى جانب تغيي أنماط السلوك السلبية لدى المعتدي واستدالها بأنماط سلوكية غير عدوانية وإكسابه أساليب جديدة من التفاعل الإيجابي الاجتماعي مع الزوجة ويتضمن المدخل السلوكي المعرفي تعليم فنيات إدارة الغضب وخصص الضغوط والتدريب على الاسترخاء ومهارات حل المشكلات والتدريب على الأساليب الإيجابية وتنمية الاستجابات الامباثية والأخلاقية لدى المعتدي، فهذا المدخل يشجع الرجل المعتدي على حل مشكلته في العلاقة مع زوجة بشكل عقلاني بدلاً من إدارة الموقف كتهديد لشخصيته ويعمل معظم المعالجين في المدرسة السلوكية المعرفية مع المعتدين في شكل جماعي على أن تكون مجموعة المعتدين متجانسة من حيث النوع لأن العلاج السلوكي المعرفي الجماعي يساعد على نمو العلاقات الاجتماعية بين أعضاء الجماعة ويعطي الفرصة للمواجهة ويساعد في صياغة وتشكيل القيم لدى الجماعة ويعطي الفرصة في مواجهة الخزي والاستجابات السلبية الأخرى ويساعد على نحو نسق المساندة والدعم بين أعضاء الجماعة، وإذا كان العلاج السيكودينامي يركز على الاضطرابات النفسية التي تقوم على أساس الخبرات اللاشعورية المبكرة في الطفولة أي على الخبرات الماضية منذ الطفولة فإن العلاج السلوكي المعرفي يركز على المشكلة الراهنة ويسعى إلى مساعدة الأفراد على تعديل طرق تفكيرهم وأنماط سلوكهم في المواقف المالية (الهنا والآن) والفكرة التي تقف خلف هذا التدخل السلوكي المعري في علاج المعتدي هي أن سلوك العنف يتأثر بالطريقة التي يفكر ويفسر بها المعتدي الأحداث والخبرات التي يتعرض لها

---

(١) د. طه عبد العظيم حسين، مصدر سابق، ص ١٥٦.

في البيئة بمعنى أن الطريقة التي يفكر بها المعتدي ويدرك بها ذاته والآخرين من حوله هي السبب وراء مشكلة العنف، فالتدخلات السلوكية المعرفية تركز على إعادة البناء المعرفي وبناء المهارات لدى المعتدي إذ إن المعالج السلوكي المعرفي يركز على سلسلة الأحداث التي تؤدي كل منها بالمعتدي إلى العنف ضد المرأة من قبيل الاعتقادات والأفكار غير المنطقية وأحاديث الذات السلبية لدى المعتدي أي الطريقة التي يتحدث بها المعتدي إلى نفسه وما يقوله لنفسه لما لها من أثر على سلوك المعتدي.

٥- خامساً: التدريب على إدارة الغضب[1]:

يشير بعض الباحثين إلى أن عملية الإساءة (الضرب) للمرأة قد ترجع إلى وجود مشاعر وغضب لدى الزوج لا يمكن التحكم فيها وبالتالي يكون نموذج التدريب على إدارة الغضب هو العلاج المناسب للتحكم في حالات الغضب وتستهدف برامج التدريب على إدارة الغضب تعليم المعتدين التعرف على العلامات الفسيولوجية المصاحبة للغضب ثم بعد ذلك التدريب على الاسترخاء وذلك لخفض الغضب كما تستهدف أيضاً تعليم المعتدين التدريب على إدارة الضغوط ومهارات التفاعل والتواصل والجدير بالذكر ان وقف العنف يتطلب تعليم المعتدين أساليب بديلة مقبولة اجتماعياً في التعبير عن الغضب إذ أن الفرد يمكنه التحكم في الغضب لديه من خلال عدة طرق مختلفة وهي التدريب الاسترخائي وذلك لخفض العلامات الفسيولوجية التي يستثيرها الغضب وارتفاع ضغط الدم وضربات القلب ومعدلات والتنفس) والتعرف على المشاعر والتدريب على مهارات التواصل والتفاعل والتي

---

(١) د. عطية عبد العظيم حسين، مصدر سابق، ص ١٥٨.

تتضمن كيفية حل الصراعات الزوجية دون استخدام القوة البدنية واستخدام تعبيرات وأحاديث ذات موجبة تساعد المعتدي على التحكم في غضبه.

٦- سادساً: التدخلات العلاجية المبنية على النسق الأسري [1]:

يغدو مدخل النسق الأسري السبب في حدوث العنف ضد المرأة إلى مشكلات التواصل والصراعات داخل العلاقات الحميمة بين الزوجين ولذلك فالتدخل العلاجي الأسري يستهدف تعليم الزوجين مهارات التواصل التي تساعدهما على تجنب العنف ومن المداخل العلاجية التي تستدعي نظرية النسق الأسري:-

- العلاج الزواجي: وهو يركز على تعديل سلوك وأنماط التفاعل لدى كل من الزوجية في العلاقة العنيفة من خلال مساعدة الزوجين على تعلم مهارات الوعي بالذات والتواصل وفنيات إدارة الغضب ويرى بعض الباحثين أن تعليم المعتدين سلوكيات بديلة وأساليب تواصل فعالة مع زوجاتهم لم يكن كافياً ومن ثم يرون ضرورة تعليم الضحية أيضاً الفنيات والأساليب التوكيدية والتشجيع على خلق نوع من التوازن في العلاقة بين الزوج والزوجة حيث أن العديد من النساء المساء معاملتهن والمشاركين في العلاج قد يعتقدون أن القوة والتحكم من جانب الرجل في سلوك المرأة هي السبب في العنف ضدها ولا بد أن يكون هناك توازن في الاهتمامات والحاجات النفسية لدى كل من الزوجين وفي إعزاء المسئولية عن العنف حيث أن المعتدين الذين يمارسون العنف ضد المرأة يتجنبون الاعتراف وتحمل المسئولية عن سلوك العنف.

---

(١) د. طه عبد العظيم حسين، مصدر سابق، ص ١٥٨ - ١٦٠.

- العلاج الأسري: ويتعامل هذا العلاج مع أعضاء الأسرة جميعها على اعتبار أنها نسق كلي وأن لهم دوراً في حدوث العنف الأسري ومن ثم فهو يركز على أنماط التفاعل بين كل أعضاء الأسرة فالعلاج الأسري يتيح للمعالج أن يشترك مع الزوجين في التعرف على ما يواجههم من إحباطات وما يولد لديهم الشعور.

ثالثاً: المداخل النظرية في علاج العنف ضد المرأة:

لقد تعدت النماذج النظرية التي تفسر أسباب العنف ضد المرأة وعلى هذا تختلف المناحي والتدخلات العلاجية من نظرية إلى أخرى.

١- النموذج السيكوباثولوجي[1]:

يركز هذا المنحى في تفسير العنف على اضطرابات الشخصية الصدمية المبكرة في الطفولة والتي تجعل بعض الأفراد المعتدين يميلون إلى العنف ضد المرأة بمعنى أن الإساءة أو العنف ضد المرأة ما هي إلا عرض لمشكلة انفعالية كامنة وعلى هذا فقد تكون الإساءة الوالدية في الطفولة والنبذ والإهمال والفشل في إشباع حاجات الطفل تمثل المصدر السيكولوجي في إساءة معاملة الزوجة ومن هذا المنظور يكون التدخل العلاجي مع المعتدي من خلال العلاج السيكودينامي الفردي أو الجماعي حيث يأخذ التحليل النفسي على عاتقه العلاج الفردي أو الجماعي للمعتدين من الرجال ضد المرأة بحيث يتيح لأعضاء المجموعة العلاجية من المعتدين أن تعبر وتفصح عن خبرات الحياة لديها ويقوم العلاج السيكودينامي في جوهره على كشف النقاب عن المشكلة اللاشعورية التي تكمن وراء العنف ضد المرأة من قبل المعتدي والعمل على حلها وعلى هذا فإن المدخل التحليلي يستهدف تعديل الحياة الانفعالية الداخلية لدى المعتدي من خلال الاستبصار حيث يرى أن

(١) د. طه عبد العظيم حسين، مصدر سابق، ص ١٥٢.

تغيير الحالة الداخلية للمعتدي تؤدي إلى تعديل سلوكه وأن هؤلاء المعتدين هم ضحايا لسوء المعاملة الوالدية في الطفولة وللخبرات الصدمية والمؤلمة في الطفولة أيضاً.

٢- التدخل العلاجي من منظور الحركة النسوية[1]:

تؤكد برامج العلاج المثبتة على نموذج الحركة النسوية على زيادة الوعي عن الدور الجنسي لكل من الرجل والمرأة وعلى الطريقة التي تلجم بها انفعالات الرجل وسلوكه العنيف ضد المرأة حيث يرى أصحاب مدخل الحركة النسوية أن هناك تفاوت كبي في الفرص الاقتصادية والاجتماعية والسياسية بين الرجل والمرأة في المجتمع وأن هناك عدم مساواة بين كل من الجنسين وعلى هذا فهي تشير إلى أن النوع واختلال التوازن في القوة بين الرجل والمرأة يمثل مكون هام في كل العلاقات الحميمة والاجتماعية وأن العنف هو نتيجة للنظام الأبوي القائم في المجتمع والذي تتيح للرجل أن يهيمن على المرأة من خلال عدة أساليب مختلفة جسمياً ونفسياً واقتصادياً وأن المرأة المساء معاملتها تميل إلى أن تسلك في علاقاتها مع زوجها وفقاً للأدوار الجنسية التقليدية، وبالتالي فإن البرامج ذات الفلسفة النسوية تقدم نموذجاً ينادي بالمساواة على أساس من الثقة بدلاً من الخون ولهذا فإن العلاج وفقاً لذلك المدخل يكون من خلال مواجهة نظرة وآراء الرجل واعتقادته وافتراضياته الخاطئة عن العلاقة بين الرجل والمرأة ومقاومة قوة الرجل وأساليب تحكمه في المرأة حيث ترى أن القوة والتحكم من الرجل في سلوك المرأة هو العامل الرئيسي في العنف ضدها.

---

(١) د. طه عبد العظيم حسين، مصدر سابق، ص ١٥٣ - ١٥٤.

٣- التدخل العلاجي من منظور نظرية التعلم الاجتماعي[1]:

تؤكد برامج العلاج المبنية على نظرية التعلم الاجتماعي على تعلم أساليب سلوكية جديدة وبناء مهارات اجتماعية لدى المعتدين كوسيلة لاستبدال السلوك العنيف بسلوكيات أكثر ملائمة ومقبولة اجتماعياً وذلك من خلال استخدام عدة فنيات سلوكية مثل لعب الدور والنمذجة وبالإضافة إلى ذلك هناك برامج علاجية سلوكية أخرى أيضاً تسعى إلى محو وإزالة عدوانية وعنف الرجل من خلال استخدام فنيات تنفيرية وذلك لحدوث انطفاء للسلوك العدواني أو العنيف لدى المعتدي فحرمان المعتدي من شأنه أن يقلل من صدور العنف أي لا بد من فك الارتباط الشرطي بين العنف والحصول على ما يريد من خلال العنف والذي يتمثل في الحصول على مزايا من الطرف الآخر (الضحية) وإعادة التشريط من جديد بين العنف والخسارة وهو ما يتطلب إبراز الخسائر التي تترتب على العنف، فإذا كان المعتدي يعتقد أن العنف ضد المرأة يخفف من توتراته فلا بد من أن يعرف أن العنف يجعله عاجزاً عن مواجهة مشكلات عدة في حياته ويفترض هذا العلاج السلوكي أن الرجال يصبحون معتدين على زوجاتهم لعدة أسباب وهي محاكاة وتقليد أمثلة ونماذج من الإساءة شاهدوها أثناء طفولتهم أو من خلال وسائل الإعلام المختلفة وتعزيز الإساءة أو العنف من المحيطين بالمعتدي كما أن الإساءة تجعل المعتدي أو المسيء يحصل على ما يريد فعلاً عن أن الإساءة يتم تعزيزها من خلال إذعان وخنوع الضحية (المرأة) والفكرة بالغضب ليساعد الضحية على بناء تواصل سوي وتعلم مهارات حل المشكلات والتأكيد على افتراضات واعتقادات الدور الجنسي لكل منهما وينتقد بعض الباحثين مدخل النسق الأسري في العلاج حيث يرون أنه لا يهتم بمسألة القوة والتحكم والتي تمثل رأس العنف الأسري والسبب في حدوثه من وجهة

(١) د. طه عبد العظيم حسين، مصدر سابق، ص ١٥٤ - ١٥٥.

نظرهم ومن الانتقادات الأخرى التي وجهت للعلاج الأسري أن هذا النوع يتضمن الجمع بين (المعتدي والضحية) وقد يؤدي هذا إلى جعل الضحية تشعر بعدم الأمان وبالتهديد والخوف من المعتدي مرة ثانية ولكن المؤيدين للعلاج الأسري يرون ضرورة أن تكون برامج العلاج الأسري منصبة على الضحية وبصرف النظر عن مدخل العلاج سواء كان فردياً أو اجتماعياً أو مشترك (الضحية والمعتدي معاً) فإن مسألة أمان الضحية تمثل الشاغل للمعالج وبما أن المعالج الأسري يقيم ويقيس درجة العنف ونوع العنف لدى الضحية في العلاقة مع زوجها وبالتالي فقد يكون من الصعب على الضحية مناقشة بعض الأمور والموضوعات العنيفة في جلسات العلاج المشتركة بينهما.

رابعاً: التدخلات العلاجية للأطفال المشاهدين للعنف ضد المرأة:

هناك تدخلات علاجية عدة تستخدم مع الأطفال المشاهدين للعنف ضد أمهاتهم في المنزل وتستهدف هذه التدخلات[1]:

١- تحفيز الأطفال على المناقشة المفتوحة عن خبرات الإساءة التي عاشوها وإن كان البعض من المهنين يرون أنه من الأفضل للطفل ألا يسهب في التفكير في الحدث والخبرة المسيئة التي تعرض لها أو شاهدها وضرورة أن ينسى هذه الخبرة المسيئة التي تعرض لها أو شاهدها وضرورة أن ينسى هذه الخبرة حيث أن إعادة المناقشة والحديث عن هذه الخبرات والأحداث الصدمية وإحيائها من جديد يؤثر سلباً على الطفل وأن تحقيق ذلك يتطلب ضرورة توافر علاقة علاجية آمنة بين الطفل والمعالج تساعده على الشفاء والعلاج من هذه الخبرة المؤلمة فهذه والعلاقة

(١) د. طه عبد العظيم حسين، مصدر سابق، ص ١٦١ - ١٦٢.

العلاجية تساعد الأطفال على الثقة وعلى فهم أنفسهم والعالم من حولهم وبالإضافة إلى ذلك فإن عملية كسر الصمت والتحدث بصراحة عن الأحداث العنيفة يساعد في خفض الإحساس بالعزلة لدى الأطفال التي تتيح لهم البدء في الشفاء الانفعالي والتئام الجروح الانفعالية.

٢- يسعى المعالج إلى مساعدة الأطفال في التغلب على الاستجابات الانفعالية الناجمة عن العنف ويشجعهم على اكتساب أنماط سلوكية إيجابية من خلال عدة استراتيجيات تتضمن مساعدة الأطفال على فهم الأسباب التي تدعو الوالدين إلى العراك والمشاجرة ومساعدتهم على إدراك أن العراك لم يكن خطأهم وأنهم لم يكونوا مسئولين عن إدارته والتحكم فيه ومع الأطفال الأكبر سناً يمكن مناقشة العنف في العلاقات الشخصية وكيفية إدارة الغضب والتحكم فيه واستخدام مهارات حل الصراعات.

٣- التدخلات العلاجية وهي تسعى إلى خفض الأعراض النفسية التي يعانيها الأطفال وإجراء العنف ومعظم المداخل العلاجية تسعى إلى الجمع بين الطفل والآباء وتعليمهم استراتيجيات لإدارة وخفض الأعرض الناجمة عن العنف فمثلاً لو كان الطفل يعاني حالة من الأرق والكوابيس فإن المعالج يعمل مع الوالدين والطفل على بناء طقوس من الهدوء والراحة في السرير وأخيراً يعمل المعالج على خلق بيئة آمنة ومستقرة للطفل لأن الأطفال لا يستطيعون البدء في الشفاء من آثار التعرض للعنف طالما التعرض للعنف ما زال مستمراً من هذه البيئة الخطرة ويسعى المعالج أيضاً على مساعدة الآباء على تحقيق الأمان لأطفالهم فالتدخل العلاجي يعمل على تحفيز مشاعر الطفل نحو الأمان والأمن كما يعمل المعالج مع الوالدين على فهم الحاجات النفسية لدى أطفالهم.

الضغوط النفسي[1]

تعريف الضغط النفسي :

يمكن تعريف الضغط النفسي على أساس أنه متطلب تكيفي ينتج عن أوضاع ومواقف وردود أفعال، لأوضاع يمكن أن تؤذي الفرد بشكل من الأشكال. ويشير إلى متطلبات تكيفيه يجب أن يتعامل معها الفرد إذا رغب أن يشبع حاجاته المختلفة(٢). وهو أيضا حالة نفسية ناتجة عن فشل الفرد في إشباع حاجات الأساسية(٣)، وذلك من وجهة نظر الفرد نفسه. كذلك يعرف على انه " أي تغير داخلي أو خارجي، من شأنه أن يؤدي استجابة انفعالية حادة ومستمرة".(٤)

عناصر الضغط :من خلال التعريفين السابقين نستنج أن للضغط عناصر ثلاثة:- .

عناصر غير سارة :

وهي عناصر لا يمكن التحكم بها أو السيطرة عليها من قبل الفرد، أو أحداث لا يتوقعها مثل (فقدان الوظيفة، علاقة دافئة ، عدم الحصول على العمل ، زيادة المسؤولية في البيت والعمل).

٢-. الإدراك والتفسير:

هو إدراك الشخص بأنه مهدد نتيجة لوجود عنصر ضاغط. ويحصل الضغط عندما يفسر الفرد الضغوطات البيئية بشكل سلبي، ومثال ذلك:

---

[1] ادارة الغضب سهيل موسى شوافقه

(٢) الزعبي، اسعدن الضغوط النفسية.

(٣) الزعبي، اسعدن الضغوط النفسية.

(٤) الزعبي، اسعدن الضغوط النفسية.

- الطالب: الذي يتخيل نتائج سلبية ومؤذية إذا لم يحصل على علامة مرتفعة في الامتحان .

- التاجــر: الذي ينافس بشدة للحصول على صفقة تجارية.

- المراهقة: الطالبة التي تشعر بالخجل أو تعتقد بأنها محطمة إذا لم تلبس أخر الموديلات.

٣.- استجابات نفسية وفسيولوجية :

من مثل هذه الاستجابات: اضطرابات ذهانية، أساليب دفاعية، ردود فعل غير تكيفيه. تغيرات هرمونية، تغيرات في أنشطة الدورة الدموية.

مصادر الضغوط:

إن مصادر الضغوط متعددة وهي تفرض نفسها علينا وتتطلب منا إحداث تغير أو تكيف من نوع ما وقد يكون مصدر الضغط:

١-. مصادر تعود للفرد نفسه: وذلك من مثل

أ. الاضطرابات النفسية: كالقلق، المخاوف المرضية، عدم تأكيد الذات، وعدم الثقة بالنفس.

ب. الضغوط الكيميائية: كاساءة استخدام الادوية.

ج. الضغوط العضوية: كالاصابة بالمرض، صعوبات النطق، الاسراف في اجهاد الجسم باللعب الطويل، العادات الصحية السيئة، عدم تناول وجبات غذائية متكاملة.

د. الرغبة في عمل شيء ما (دراسة، تدريب، تحسين، الحاجة إلى الإثارة الجديدة وغير المألوفة).

هـ طبيعة المرحلة العمرية: يبكي الطفل عندما تأخذ لعبته المفضلة،   ويغضب المراهق ويثور ضد تحكم والديه، ويشعر البالغ بالإحباط نتيجة للقيود الأسرية والمهنية والتعامل مع الأطفال، وكبير السن يشعر بالإحباط نتيجة لزيادة ضعفه الجسمي.

٢.- مصادر خارجية: وذلك من مثل:

أ. الضغوط الاسرية: بما فيها من صراعات بين افرادها، انفصال الوالدين، وجود مريض أو معاق داخل الأسرة.

ب. ضغوط اجتماعية: كالضغط الذي تمارسه العادات الاجتماعية، أسلوب التفاعل والتواصل مع الاخرين، كثرة الزيارات أو قلتها، كثرة الاحتفالات، العزلة.

ج. ضوط مدرسية: كثرة الواجبات المدرسية، الجدول المدرسي المكثف، الصراع مع الاقران، سوء العلاقة مع المعلمين، صعوبة المهمات الدراسية، كثرة الامتحانات.

د. تغيرات الحياة : الانتقال من سكن الى اخر، فقدان شخص عزيز، الزواج، الطلاق.

هـ ضغوط بيئية: ضجة المرور ،المنطقة السكنية، الكوارث الطبيعية، التلوث، تطرف درجات الحرارة والازدحام.

أعراض الضغط:

يمكن للشخص العادي أن يتعرف على العلامات الدالة على الضغط، وبالتالي يمكنه التعامل معه ومعالجته قبل ان تستفحل اثاره الجسمية والنفسية، ومن هذه العلامات اضطرابات النوم والهظم والتنفس، خفقان القلب، التوجس والقلق على اشياء لا تستدعي ذلك، التوتر العضلي والشد، الغضب لاتفه الاسباب، التفسير الخاطيء لتصرفات الاخرين ونواياهم، الاجهاد السريع، تلاحق الامراض والتعرض للحوادث.[1] وينظر إلى الضغوط على أنها حالة نفسية، وذهنية، وجسمية تنتاب الإنسان وتتسم بالشعور بالإرهاق الجسمي، والبدني الذي قد يصل إلى الاحتراق النفسي، كما تتسم بالشعور بالضيق، وعدم القدرة على التأقلم، وما يصاحب ذلك من عدم رضا عن النفس أو العمل الذي يؤديه.

ويمكن تصنيف اعراض الضغط النفسي ودلالاته وفق بعض الجوانب كما هو في الجدول ادناه:

الجسد	التفكير	الانفعال	السلوك
اضطرابات الهظم	تباطؤ في التفكير	الغضب	الافراط في الاكل
اضطرابات التنفس	سارع في التفكير	التوجس	الجدل
خفقان القلب	افكار تشاؤمية	القلق	المماطلة
توتر العضلات	التفسيرات الخاطئة	فرط الحساسية	التدخين

(1) عبدالستار ابراهيم،الاكتئاب،١٢٢-١٢٣

العزلة	الشعور بالعجز	تشوهات ادراكية	برودة وتعرق اليدين
عدم الاعتناء بالصحة	الشعور بفقدان الامل	عدم القدرة على تحديد الهدف	التعب السريع
عدم الاعتناء بالمظهر	الشعور بعدم الامان	كثرة النسيان	المرض المتكرر
	الشعور بالارهاق		امساك/اسهال
			شد الفكين
			جفاف الحلق

العوامل التي تؤثر في قدرة الفرد على التكيف :

إن طبيعة الضغوط النفسية التي تواجه تكون سهلة ويمكن التعامل معها بجهد قليل، وبعضها الآخر صعبة وتتطلب وقتاً وجهداً للتكيف معها ويعتمد ذلك على : خصائص الموقف الضاغط، خصائص الفرد، مصادر الفرد والدعم المتوفر.

١. خصائص المتطلب التكيفي :

هناك عدة خصائص للموقف الضاغط تؤثر بشدة الضغط بغض النظر عن الفرد أو الموقف الضاغط ومن هذه الخصائص: شدة الضغط، العدد، المدة، التوقع، الاقتراب زمنياً من المتطلب التكيفي أو الحدث المفاجئ.

أ- مقدار شدة الضغط :

بعض الضغوط تحمل في طياتها درجة قوية من الصعوبة أو الشدة، بينما يكون البعض الآخر أقل صعوبة، فمثلاً إن كان الفرد جائعاً وكان هناك طعام جاهز فإنه يأكل ويرتاح، وإذا قابلت شخصا فضاً فيمكن أن تنسى أنك قابلته، وعلى الطرف الآخر فالطلاق والعمليات الجراحية أو الصعوبات المالية والفقر والبطالة تحتاج إلى وقت أطول وجهد أكبر للتكيف معها، كذلك فإن رسوب الطالب في امتحان الثانوية العامة يتطلب منه أفعالاً تكيفيه أكثر من رسوبه في امتحان عادي .

ب- العــدد :

أن عدد المواقف الضاغطة تزيد أيضا من شدة التوتر، فمثلاً طالب الثانوية يقع عليه زيادة في الأعباء الدراسية، وتوقعات الأهل وضغوطهم، وكذلك رغبته في الخروج مع أصدقائه، ورغبته في الاستقلالية، والتغيرات البيولوجية الخاصة بالمرحلة النمائية، فكلما زاد عدد الضغوط أزداد التوتر، كذلك فإن وجود امتحانين في نفس اليوم لطالب الصف السادس يزيد من الضغط فيما لو كان امتحان واحد .   المــدة :

إن طول المدة أو الوقت الذي يتعرض الفرد من خلاله إلى الضغط، تجعل قدرة الفرد على التكيف تضعف تدريجياً مع الوقت مما يؤدي إلى زيادة في شدة الضغط، مثلاً تعرض الفرد إلى ضائقة مالية لمدة أسبوع يكون شدة الضغط فيها أقل كما لو كانت شهر أو سنة، كذلك فإن تعرض الطالب إلى أسبوعين من الامتحانات يزيد من شدة الضغط فيما لو كان أسبوع واحد .

ج- التــوقـع :

أن قدرة الفرد على التعامل مع الضغط لها علاقة بقدرته على توقع الأحداث ،

وكذلك تعرض الفرد إلى فقدان محفظة نقوده تختلف في شدة الضغط فيما لو أنه كان يعلم بوجود مناسبات معينة في ذلك الشهر ستفقده نفس القيمة المالية التي فقدت منه، والطالب الذي يعلم أن معلم الرياضيات المفضل لديه سينتقل من المدرسة بعد شهر يعاني من ضغط أقل فيما لو دخل معلم جديد على الصف واخبرهم أنه المعلم الذي سيدرسهم المادة .

هـ -اقتراب حدوث الموقف:

إن توقع أو انتظار حدوث شيء ما يؤدي إلى ضغط من درجة معينة كلما اقترب موعد حدوث هذا الشيء فمثلاً طالب الثانوية يعلم أنه سيتقدم للامتحان في نهاية الفصل إلا أنه يزداد الضغط كلما اقترب موعد الامتحان .

٢. خصائص الفرد وعلاقتها بالضغط النفسي:

الخصائص هي: نمط الشخصية، الخبرات السابقة، تحمل الضغط، الكفاءة الذاتية، المرحلة النمائية، نموذج اضطراب الهوية، وفيما يلي توضيحا لها:

أ. طريقة التفكير:

ان ما يمكن أن يكون ضاغطا يعتمد بشكل كبير على الطريقة التي نفكر بها عن انفسنا وظروفنا، فالضغط النفسي هو نتيجة للتقييمات المعرفية التي نتبناها ونصدرها نحو المطالب الداخلية والخارجية التي نهتم بها، وبمعنى اخر فان الطريقة التي نفكر بها عن أنفسنا وظروفنا مسؤولة عن ما نعانيه من ضغوط نفسية.(

أ- نمط الشخصية

يمكن القول بان ما يجده شخص ما في موقف معين يزيد من حدة الضغط النفسي، في حين يجد شخص أخر الموقف متوسط الحدة، بينما يجد شخصاً آخر نفس الموقف لا يشكل أي ضغطاً عليه. فمثلاً بعض الأفراد يشعرون بالتوتر والضغط عند مقابلة أشخاص غرباء لأول مرة ويترددون في التعرف عليهم والتكلم معهم، بينما آخرون قد يشعرون بعدم الرغبة في التحدث معهم، وآخرون يشعرون بالسرور عند التعرف على الغرباء، وكذلك فإن هناك فروقاً فردية في قدرة الأفراد على تحمل الضغوط، فيتعرض الفرد إلى الفقدان قد يتعامل بالحزن والدموع وآخر قد ينهار ويكتئب .

لاحظ سلوك شخص من النمط (أ) مقابل سلوك (ب) فقد وضح فريدمان ١٩٧٤ أن خصائص نموذج A يشعر بأنه مدفوع للإنجاز بسرعة، ويميل إلى التنافس في المواقف غير التنافسية، ويجد صعوبة كبيرة في الاسترخاء كما يأخذ مهمات كثيرة، ويشعر بأن لا يوجد وقت كاف لإنجاز مهماته. أما خصائص نموذج B فهو مرتاح أغلب الأوقات، صبور، لا يشعر بضغط الوقت.

ب- الاوضاع الغامضة :

إن الأوضاع أو المواقف الجديدة تكون أكثر ضغطاً من القديمة عندما يواجه الفرد بموقف مألوف فإن بإمكانه أن يستدعي خبراته السابقة لتساعده في توجيه سلوكه في الموقف. الا انه وفي بعض الأحيان يتعرض لاوضاع غامضة بحيث لا يعرف الدور الذي يجب عليه أن يلعبه وما يجب عليه القيام به بسبب عدم التعرض له سابقا او بسبب نقص المعلومات المتعلقة بالموقف.

ج- تحمل الضغط :-

يعني قدرة الفرد على تحمل شدة الضغط قبل الإنهيار. فدرجة تحمل الفرد للضغوط ثابتة نسبياً
غير أن هناك فروقاً فردية بين الأشخاص في قدرتهم على تحمل الضغوط، علما أن درجة تحمل الأفراد
للضغوط غير مفهوم بعد، وقد أشارت الدراسات إلى عوامل مثل ضغوط شديدة أو عدم تعرض الفرد
لضغوط في مرحلة الطفولة، فمثلاً تعرض فرد ما إلى الفقدان قد يتعامل بالحزن والدموع وآخر قد
ينهار ويكتئب .

د- الكفاءة الذاتية :

إن الأفراد الذين يعتقدون بأن نجاحهم أو فشلهم في الحياة يخضع لسيطرتهم الذاتية، فإنه من المرجح
أن يتكيفوا بشكل أفضل مع الضغوط النفسية مقارنة بالأفراد الذين يعتقدون بان نجاحهم وفشلهم يعتمد
على عوامل خارجة عن ذواتهم أو إرادتهم أو الحظ.

هـ- المرحلة النمائية:

إن الأكبر سنا أقدر على تحمل الضغوط من الأصغر سنا.

و- نموذج اضطراب الهوية:

يقترح أصحاب هذا النموذج بان الأشخاص ذوي القيمة الذاتية المتدنية لديهم صعوبة بالغة في
تقبل التغير في نمط حياتهم، لأن هذه الأشياء تقع خارج حدود هويتهم، فالتغير الإيجابي أو السلبي يفهم
على أساس أنه تهديد لهوية الشخص وسوف يجبره على أن يخصص وقتاً أكثر لهذا التهديد الذي يمس
قدراته وطاقاته وإمكانياته.

٣. مصادر الفرد والدعم المتوفر:

إن العطف والمعلومات والنصائح التي يقدمها الآخرون (الأسرة ، الأصدقاء ، المرشد ، الطبيب ، رجل الدين ، المرض) للفرد في أوقات الضغوط تساعده في إيجاد حلول واقعية لمشاكله، كذلك أن حصول الفرد على دعم مادي أو مالي يمكن أن يساهم في تخفيف الضغط فمثلا وجود صديق أثناء وفاة شخص عزيز على الفرد له تأثير في تخفيف الألم ويمكن أن يعطي راحة بتوزيع الجهد والتقليل من ضغط الوقت ، كذلك فإن تقديم الطعام لأهل المتوفى يمكن أن يعطي راحة من أعداد الطعام بالإضافة إلى الإقدام على تناوله .

تفسير لازاروس للضغط :

يعتبر لازاروس العوامل العقلية والمعرفية ذات أهمية عالية في تفسير الأحداث النفسية (الضغوط) أكثر من الأحداث نفسها، فإدراك الفرد يتضمن إمكانيات هي الأذى، التهديد، التحدي وقدرته المدركة على التأقلم مع الأذى والتهديد والتحدي. فمثلاً إن طرد الشخص من العمل لا يسبب الضغط ولكن تقييمه للطرد على أساس أنه تهديد لأهدافه المهنية المستقبلية هو الذي يسبب الضغط .

ويذكر لازاروس وفولكمان أن للعوامل الآتية أثر في تحقيق تكيف أفضل مع الضغط :

أ- الصحة والطاقة: إن الأشخاص الأصحاء والنشيطين أقدر على إدارة المتطلبات الداخلية والخارجية من المرض المتعب .

ب- الاعتقاد الإيجابي:- كلما كان لدى الفرد اعتقادات إيجابية حول إمكانية إحداث تغيرات يرغبون فيها كلما كانوا أقدر .

ج- مهارات حل المشاكل: كلما كان لدى الفرد المهارة في تحديد المشكلة وطرح البدائل والحلول وتوقع الإيجابيات والسلبيات كلما كان أقدر على التكيف

د- المعرفة والمعلومات : أن معرفة الفرد بفسيولوجيا الجسد تجعله أقدر على التكيف فمثلاً معرفته بان القلق أو الخوف يزيد من إفراز الأدرينالين مما ينتج عن ارتفاع عدد ضربات القلب والتعرق وجفاف الحلق يجعله لا يطور تفسيرات أخرى لهذه الأعراض .

هـ- المهارات الاجتماعية: ثقة الفرد بقدرته على جعل الآخرين يتعاونون معه يساعده في ضبطه للضغط، وكذلك إحساس الفرد بأنه مقبول ومحبوب من الآخرين .

و- المصادر المادية أن وجود المبالغ المالية للتعامل مع الحالات الطارئة يقلل من مصادر الضغط.

آثار الضغوط على الأفراد:

إن ظهور الامراض يرتبط بأنماط الضغوط الانفعالية والاجتماعية التي قد يتعرض لها الفرد، فمثلا بداية ظهور وتطور الامراض النفسية تأتي اثر التعرض للتغيرات الحياتية كالفشل الدراسي، او وفاة احد الاقارب، او توقع الانفصال عن الاسرة..الخ. فالضغوط وما ينتج عنها من انفعالات تلعب دورا مهما في تطور الصحة والمرض. وفيما يلي سنتناول بعضا من اثار الضغوط الجسمية والنفسية على الافراد.

الآثار الجسمية للضغوط النفسية :

أ-جهاز المناعة:

يعتبر جهاز المناعة من أكثر أجهزة الجسم فعالية في منع ومحاربة الأمراض ، ويتم ذلك بواسطة إنتاج كريات الدم البيضاء التي تقوم بالإحاطة بالفيروسات وبالبكتيريا والخلايا الجسمية المتعبة والخلايا السرطانية وتدمرها وكذلك بإنتاج مضادات لهذه الأجسام الغريبة بحيث يستطيع تمييزها مستقبلاً فتحاربها

أن للضغط تأثير عل جهاز المناعة حيث أنه يحفز الجسم على إنتاج مادة السيزويدز وبالتالي فإن الإنتاج المستمر لهذه المادة يعطل جهاز المناعة عن القيام بوظائفه كما يجب ونتيجة لذلك يصبح الجسم معرض للإصابة بأنواع متعددة من الأمراض.   ألم الرأس:

يقرر الباحث بوبكا (١٩٨٨) بان الكثير من أوجاع الرأس لها علاقة قوية جداً بالضغط النفسي خلال تعرض الفرد للضغط فإنه يصاب بالتوتر وشد عضلي في منطقة الأكتاف والرقبة والجبهة وأعلى الرأس واستمرار هذا التوتر والشد وإلى ألم في الرأس .

ب- ارتفاع ضغط الدم :

يرتفع ضغط الدم عندما يكون الفرد في واجهة تهديد كذلك فإن الضغط النفسي يعمل في احتفاظ الجسم بالآلام.

ج- اضطرابات الدورة الدموية:

- هناك عدة عوامل تسمى بالعوامل الخطرة في أمراض الدورة الدموية منها ارتفاع ضغط الدم، التدخين، الكحول إفراط في أكل الأطعمة الغنية بالكلوستيرول

نموذج سلوك (أ) عبء العمل الزائد، التعرض إلى متطلبات متناقضة من المسؤولية في العمل، المتاعب الانفعالية، الخمول.

- أن بعض الأفراد الذين يواجهون التحديات فإنه يصاحب ذلك لديهم ارتفاعاً في ضغط الدم وزيادة السجائر المدخنة ووجبات الطعام الغنية بالدهون.

هـ- القرحة:

تشير الدراسات إلى أن هناك علاقة قوية بين الضغط النفسي ووجود الفرحة ، ومن هذه الدراسات دراسة سميث ١٩٧٨ حيث أشار بان العمال القابعين في وسط وأدنى السلم الإداري والذين يتوجب عليهم أن يتعاملوا مع عامة الناس ويتلقون الأوامر باستمرار تقييم وتعنيف من المدراء يعرضون للإصابة بالفرحة أكثر من غيرهم .

و- الأزمة التنفسية:

تحدث الأزمة عندما ينقبض المسار الهوائي وهو ينقبض عند تعرض الفرد إلى مواقف أو أحداث معينة .

ي- السرطان:

يشير مصطلح السرطان إلى نمو غير طبيعي متغير باستمرار لعدد من الخلايا تنمو بسرعة هائلة ، هذه الخلايا تحرم بقية الجسم من الأغذية الضرورية لاستمراره وتؤثر في طرق توزيع الغذاء والطاقة . أن بعض العوامل التي تساعد على الإصابة بالسرطان لها علاقة بسلوك الناس مثل التدخين وتناول الأطعمة الغنية بدهون الحيوانات والضغط .

وتشير الدراسات إلى أن هناك علاقة ما بين تعرض الفرد لضغوطات شديدة باستمرار وبين إصابته في مرض السرطان.

الآثار النفسية للضغط

يرتبط الضغط وبشكل عام بالاضطرابات النفسية كعامل من عدة عوامل يمكن أن تسبب الاضطراب النفسي .

أ . الضغط والاكتئاب:

تشير الأدلة العلمية إلى أن الأحداث الحياتية الضاغطة يمكن أن تسبب الاكتئاب عند بعض الناس، وتشير الأبحاث إلى أن المكتئبين قد تعرضوا لتغيرات حياتية أكثر من غير المكتئبين . وفي المقابل بأن هناك أبحاث أشارت إلى أن بعض الأشخاص يصبحون مكتئبين دون وجود ضغوط نفسية مسببة لذلك وان هناك أشخاص عانوا من ضغوط نفسية شديدة في مراحل سابقة في حياتهم ولم يصبحوا مكتئبين .

وبالنتيجة يمكن القول أن الضغط قد يكون سبباً أو عاملاً في حدوث الاكتئاب لدى الأفراد إلا انه ليس ضرورياً وكافياً لسببه، وكذلك بان الضغط يزيد من حالة الاكتئاب سوءاً.

ب .الضغط والفصام : -   تشير الدراسات إلى أن الضغط يمكن أن يكون احد العوامل في ظهور الفصام، وكذلك تشير أن الفصامي الذي يتعرض للضغوط تزداد حالته سوءاً.

وكذلك فان الدراسات تشير إلى أن الفصامي المعالج تكون فرصة انتكاسته اكبر كلما تعرض لضغط اشد.

ج .الضغط والقلق:

هل الضغط يقود إلى القلق أم القلق يقود إلى الضغط؟

يحتل القلق خبرة أو ظاهرة حقيقية نخبرها في حياتنا من وقت إلى أخر ويتميز بالخوف الشديد الذي يكون مصدره مجهول للشخص مما ينتج عنه اضطراب في المعدة ، وزيادة ضربات القلب، وتوتر عضلي، والتعرق، والارتجاف، وصعوبة في التنفس، وهذه أيضا أعراض الضغط النفسي.

إن الضغط يسبب القلق حيث أن أعراضه تشعر الفرد بالخوف من وجود خطأ ما في جسمه وكذلك فان القلق يعد مصدر من مصادر الضغط .

التكيف مع ردود أفعالنا تجاه الضغط

إن ردود أفعالنا تجاه الضغط تصنف وتتفاعل مع بعضها البعض وبذات الوقت فان الاستراتيجيات التي تستخدمها للتكيف تتفاعل مع بعضها البعض أيضا، فعندما نبذل جهدا للتخلص من ردود الفعل الجسمية الفسيولوجية فان ذلك ينعكس إيجابا على حالتنا الانفعالية، كذلك فان التقليل من ردود أفعالنا الانفعالية نحو الضغط يساعدنا على التفكير الجيد والفهم الواضح للموقف وهذا بدرجة تقلل من تأثير الضغط علينا .

هناك العديد من العوامل وردود الأفعال التي تخفف من اثر الضغط في حياتنا، نصنفها من حيث: عوامل نفسية،ردود أفعال سلوكية، ردود أفعال فسيولوجية، ردود أفعال انفعالية، ردود أفعال عقلية. وفيما يلي توضيحا مختصرا لها.

أولا: العوامل النفسية

تستطيع العوامل النفسية أن تؤثر بحيث تزيد أو تقلل من اثأر مصادر الضغط في حياتنا ومن هذه العوامل :

أ) الكفاءة الذاتية المتوقعة :

ويقصد بها الاعتماد الذاتي لدى الشخص حول قدرته على إحداث تغييرات مرغوبة من خلال جهوده الذاتية. إن الأشخاص الذين لديهم توقعات عاليه حول كفاءتهم الذاتية يميلون إلى العمل بجد وإنهاء المهمات الموكلة لهم بنجاح أكثر من أولئك الذين توقعاتهم حول كفاءتهم اقل . كما أنهم يظهرون مستويات متدنية من الاستثارة الانفعالية عندما يعملون على المهمات التي بين أيديهم وهذا من شأنه إعطاء خبرة إضافية تعزز الكفاءة الذاتية مرة أخرى. وفي حالة الفشل فان ذوي الكفاءة الذاتية الأعلى فأنهم يعزون الفشل إلى جهودهم الذاتية وليس إلى قدراتهم أو إلى العوامل الخارجية وبذلك فأنهم يتقبلون الفشل أفضل من غيرهم.

ب) الصلابة النفسية:

وهو مصطلح استخدمته سوزان كوباسا (١٩٨٩) للإشارة إلى الأشخاص الذين بمقدورهم تحمل الضغط دون التعرض للأمراض ، وقد أشارت إلى أن هؤلاء الأشخاص يتميزون عن غيرهم بثلاثة أشياء هي : الالتزام ، الضبط ، التحدي

الالتزام : - يكون لدى هؤلاء الأشخاص الرغبة الحقيقية في الانخراط بالمهمات التي يقومون بأدائها بدلاً من الانسحاب والعزلة أو الاستسلام بسرعة فهم يعملون ما يجب أن يعمل ويواجهون ما يجب أن يواجه.

– الضبط : هؤلاء يدركون أنفسهم على أنهم العنصر المهم فيما يحدث لهم وهم المدراء الحقيقيون لحياتهم وان مركز الضبط لديهم داخلي.

– **التحدي** : هؤلاء يؤمنون بالتغير على انه حافز هام للنمو ولا يرون فيه تهديد لأمنهم واستقرارهم .

تعمل الصلابة النفسية كواقي ضد الآثار البيئية للضغط وتعطي الشخص فرصة لاستخدام ميكانزمات تكيفيه أفضل.

ج) التوقع:

إن التوقع يخفف من أثار الضغوط المحتملة وذلك لان التوقع يسمح للفرد أن يجهز نفسه لأمر لابد من حدوثه ويسمح للفرد بان يجهز طرقاً أو وسائل للتكيف معه . ويطور خطة عمل تنظم أفعاله بأفضل طريقة ممكنة لمواجهة الضغط.

د) الدعم الاجتماعي :   يعمل الدعم الاجتماعي

كواقي من أثار الضغط تماماً مثل عمل الصلابة النفسية وقد يكون الدعم المقدم من ضمن الأنواع الآتية:

٠١ الدعم العاطفي:

ويكون بالإصغاء للفرد والتعاطف معه وتشجيعه.

٠٢ الدعم المادي الإجرائي:

ويتضمن تقديم الدعم المالي والخدمات التي تساعد الفرد في إحداث التكيف المطلوب .

٠٣ المعلومات:

ويتعلق هذا النوع بتقديم خدمات إرشادية وتوجيهيه تساعد الفرد في مشكلته وسرعة التكيف مع الضغط الذي يتعرض له.

٠٤ التقدير والتقييم :

والمقصودهنا هو إعطاء تغذية راجعة لجهود الشخص الذي تعرض للضغط ويكون ذلك من خلال إعطائه تقييماً ايجابياً على شكل تفسير لما مر به .

٠٥ الاختلاط الاجتماعي:

ويتضمن الانخراط في الحياة اليومية مع الآخرين من خلال المحادثة والترفيه والتسوية وتناول الطعام معهم .

هـ) المزاح والضحك:

يعتقد بعض المختصين بأن الضحك يمكن أن يستثير إفرازات الاندروفين **Endorphins** داخل الجسم والتي تعمل عملها على تخفيف الألم .

كذلك فان للضحك قيمة انفعالية حيث يستطيع الإنسان لا شعورياً أن يحدث تغيراً عقلياً يستلزم حدوث انفعالات معينة تلازم هذا التغير العقلي.

و) المرونة:

ان افضل الخطط تجد ما يعيقها فتنحرف عن مسارها، لذا فإن الفرد الذي يترك بعض المساحات في جدوله ستسعفه في تحمل الامور غير المتوقعة.

ثانيا: ردود أفعالنا السلوكية تجاه الضغط :

عندما نختبر الفرد في موقفا ضاغطا فان هناك مجموعة من ردود الفعل تبدأ بالعمل تلقائيا فهي اليات (ميكانزمات) تكيف جاهزة لا تحتاج إلى جهد مخطط من الفرد،هذه الميكانزمات تعمل على التقليل من درجة القلق والتوتر. وفيما يلي أمثلة عليها :

أ) البكاء :

يعتبر البكاء وسيلة فعاله للتخلص من التوتر الانفعالي والألم ، وهذا يلاحظ بشكل واضح عند الأطفال الذين يواجهون الإحباط والألم ، إن البكاء يعيد للفرد التوازن الداخلي الذي يحتاجه .

ب) التحدث عن المشكلة:

لا بد انك واجهت احد الأشخاص وقد تعرض لحادث ما أو فقدان عزيز له واخذ يتحدث إليك عما حدث وبتفاصيل كثيرة ويكرر ذلك على مسمعك مرات عديدة ، إن هذا الحديث مريح جدا للشخص وذو فائدة حيث انه يصبح اقل حساسية لما مر به ويساعده على التكيف الفعال حيث أن مناقشة المشكلة يساعد على اكتساب راحة انفعالية من خلال وضع المشاعر المضطربة بتعابير وكلمات يستطيع أن يفهمها الشخص ويساعده المستمع على إيجاد فهم جديد لما مر به من تجربة قاسية ومن وجهة نظر أخرى فانه في حالة عدم وجود مستمع فان الحديث مع الذات قد يساعدنا في النظر إلى الأمور من خلال وجهات نظر جديدة .

ج) الضحك والمزاح :

تذكر أن الضحك الناتج عن المشكلة التي تواجهك يخفف من آثار هذه المشكلة وان هذا الضحك هو استجابة ألية (أوتوماتيكية) وجدت لتخفيف التوتر ، إن الضحك يجعلنا نتقبل الأشياء التي لا بد منها أحيانا مثل الألم والفشل وكذلك فانه يعمل على تخفيف حدة الغضب والعدوان .

د) النــوم والأحلام :

الكثير من الناس لا يستطيعون أن يناموا عندما يكونون تحت تأثر الضغط ولكن عندما يتمكنوا من النوم فان النوم يقوم بوظيفة علاجية حيث أنهم قد يمرون بخبرات الكوابيس المزعجة ويحاولون من خلالها إعادة ما مروا به (لا شعوريا)

مثل هذه الكوابيس تقلل من حساسيتهم التدريجية لما مروا به وذلك يساعدهم على تقبل وفهم خبراتهم

ثالثا: ردود الأفعال الفسيولوجية للضغط

تخيل احد أيام عملك وقد قمت بعمل جلسات إرشاد فردي إضافة إلى اجتماع مع أولياء الأمور وأعطيت حصتي توجيه جمعي داخل الصفوف ، كيف تشعر بعد عمل ذلك؟ قد تشعر بتوتر عضلي وألم خفيف في الرأس وربما حركات غير طبيعية في المعدة والإرهاق. إن هذه إشارات لوجود ضغط لديك والأعراض هي ردود فعل فسيولوجية لضغط تعاني منه.

كيف لك أن تخفف من هذا الضغط

إن هناك طريقتين للتعامل مع ردود الأفعال الفسيولوجية للضغط هما الاسترخاء والتمارين الرياضية .

أ) الاسترخـــــاء :

إن الاسترخاء مهارة مهمة للتعامل مع التوتر العضلي الذي يصاحب التوتر النفسي وهي تقوم على أساس توتير العضلات ثم إراحتها وخلال هذه العملية يلاحظ الشخص الأحاسيس المتعددة في جسمه وهذا يساعد على إحداث أحاسيس أو مشاعر داخلية تؤدي بالنفس إلى نفس الشعور الذي يحسه الجسم .

تذكر أن الاسترخاء يحصل نتيجة لعملية الاسترخاء العضلي المعروفة وكذلك من خلال بعض الأنشطة كالصلاة والقراءة والتأمل والمشي .

ب) التمارين الرياضية :

للتمارين الرياضية فوائد عدة منها :

التمارين الرياضية تشبه الاسترخاء في بعض نواحيها .

- تزيد من اللياقة البدنية وهذا يعني زيادة مصادرنا الجسمية للتعامل مع المتطلبات التكيفية

- تفرغ الطاقة الناتجة عن الضغط .

- إن الوقت الذي نبذله في الرياضة يعني تقليل الوقت الذي تبذله في التوتر والضغط ، مثل هذا الوقت المستقطع من التفكير بالضغط يمنحنا الفرصة في التفكير في استراتيجيات جديدة للتعامل مع الضغط .

رابعا: ردود الأفعال الانفعالية للضغط :-

إن الأحداث الضاغطة يمكن أن تثير عدداً من ردود انفعالية مثل الغضب الخوف، العدوانية ، الشعور بالذنب، الاكتئاب.

إن لهذه الانفعالات المصاحبة لوجود الضغط وظائفها، فمثلاً الخوف والقلق تحذر الشخص إلى إمكانية وجود خطر أو تهديد لحياتنا مما يحفزنا لأخذ خطوات معينة للتخفيف من هذا الخطر إلا أن الانفعالات لها أثارها علينا لذا وجب التعامل معها :

أ) التعامل مع الخوف والقلق :

أن الخوف والقلق خبرات انفعالية طبيعية لكن بعض الناس في مجتمعنا يعتبر وجود الخوف أو الاعتراف به شكل من أشكال الضعف أو الجبن إلا أن التعبير عن هذه المشاعر يعد أمرا صحياً ويجب التعامل معها من خلال :

١- أول خطوة للتعامل مع هذه المخاوف تكون بالاعتراف بوجودها وتقديرها على أنها طبيعية وعادية.

٢- التمييز بين ما هو واقعي وما هو غير منطقي أو وهمية أو مبالغ فيها .

٣- تطوير القدرات والمهارات التي تحتاجها.

٤- التحضير والاستعداد من خلال التنبؤ بما قد يحدث من مواقف وبذلك تقلل من المشاكل التي تسببها المواقف الضاغطة ونعمل إليه ما نريد أن نعمله بما يجعلنا نشعر بالثقة أكثر.

ب) التعامل مع الغضب والعدوانية :

- أن الغضب غير المعبر عنه أو الذي يعبر عنه مباشرة وكذلك العدوانية هي سلوكات انفعالية لاعقلانية تؤدي إلى اضطرابات نفسية فسيولوجية تشعر الفرد بالتعاسة والرعب .

- إذا اعتقدنا أن التعبير عن مشاعر الغضب على انه أمر خطير جداً أو غير عقلاني فإنه يمكن نتيجة لذلك أن نلجأ إلى استعمال وسائل دفاعية لإبعاد هذه المشاعر وكبتها أو قد نحولها نحو الذات وكل تلك الإجراءات تعمل على مضاعفة المشكلة.

- تطوير مهارات للتعامل مع الغضب وذلك من خلال تطوير فهم وتقبل لهذه المشاعر بدلاً من إنكارها أو للجوء إلى اللوم الذاتي .

- إحدى الوسائل للتعامل مع الغضب هو التخيل حيث انه يقلل من مشاعر العدوانية والغضب إلى درجة معينة ويتضمن عمل استجابة متناقضة مع الغضب هي استجابة التعاطف مع الشخص الذي سبب أو يسبب لنا الغضب أو التقليل من أهمية الموقف الذي يسبب لنا الغضب .

تستخدم مهارة التخيل لإعطاء الفرد فرصة السيطرة على الصور المؤلمة المقتحمة التي تؤدي إلى الانزعاج، وذلك من خلال وسائل متعددة من مثل:

أ) أساليب الشاشة: بمعنى تخيل الصور على شكل ما يعرض في التلفاز على الشاشة.

ب) وضع الإطار على الصورة وتحريكه.

ت) الإقفال على الصورة (إخفاء الصورة).

- أن نتعلم كيف نتقبل غضب الآخرين وعدوانيتهم ولو كانت متجهة نحونا ، ولعل أهم وسيلة للتعامل مع غضب الآخرين نحونا هو التحضير له والتخفيف أو محاربة فكرة بأنه يتوجب على الآخرين أن يحيطونا بالحب والتقدير في كل الأوقات وأن ندرك أن غضبهم هو مشكلتهم هم وليست مشكلتنا نحن.

ج) التعامل مع مشاعر الذنب:

يحاول بعض الناس التكيف مع الشعور بالذنب عن طريق :

١. الانخراط في إدانة ذاتية مبالغ فيها وكره للذات، مثل هذه الردود تعكس معايير أخلاقية غير واقعية أو غير ناضجة أو جامدة تقود إلى الشعور بالفشل .

٢. استخدام وسائل الدفاع وخاصة الإسقاط بحيث ينخرط الفرد في لوم الآخرين كمحاولة للابتعاد عن الشعور بالذنب الذاتي .

إن هاتين الطريقتين غير فعالتين ولا تقودا إلى النمو الشخصي أو تقليل الضغط. ويمكن التعامل مع مشاعر الذنب أمام أنفسنا وأمام الآخرين من خلال:

١. بذل جهد مخلص للتعويض .

٢. وجود رغبة أكيدة في التسامح مع الذات وتقبلها

٣. محاولة تجنب الأخطاء في المناسبات أو الفرص القادمة.

د) التعامل مع الحزن والاكتئاب والوحدة:

الحزن : هو تلك المشاعر الناتجة عن فقدان شخص مهم في حياة الفرد لسبب ما.

أن الحزن يمر عبر مراحل:

١- الصدمة وعدم التصديق وإنكار ما حدث.

٢- القلق والاكتئاب.

٣- فقدان الأمل في استعادة ما فقد.

٤- اتخاذ خطوات عملية لإعادة التكيف.

إن هذه المشاعر تدوم من أسبوع إلى عدة أشهر وهذا يعتمد على الفرد ووسائله في التكيف .
للتعامل مع الحزن والاكتئاب .

١- تعلم كيفية توقع أكبر عدد ممكن من الأوضاع الضاغطة، ووضع مجموعة من الاختبارات
للعمل والتعرف على أكثرها فاعلية .

٢-   بناء علاقات حقيقية ودافئة مع الآخرين .

اتفاقية حقوق الطفل[1]

العنف ضد الاطفال :

العنف ضد الأطفال

يُعرّف العنف ضد الأطفال بأن أي فعل أو الامتناع عن فعل، يعرض حياة الطفل وسلامته وصحته الجسدية والعقلية والنفسية للخطر - كالقتل أو الشروع في القتل - والإيذاء - والإهمال- وكافة الاعتداءات الجنسية.

وقد عرفت لجنة الخبراء الاستشارية للمنظمات غير الحكومية الدولية لدراسة الأمم المتحدة حول العنف ضد الأطفال العنف بأنه «العنف الفيزيائي» «الجسدي» «النفسي» «النفسي الاجتماعي» والجنسي ضد الأطفال من خلال سوء المعاملة أو الاستغلال كأفعال معتمدة مباشرة أو غير مباشرة تؤدي لوضع الطفل عرضة للمخاطر أو الاضرار بكرامته، وجسده، وبنفسيته أو مركزه الاجتماعي أو نموه الطبيعي.

ومن خلال التعريف السابق نستطيع أن نقول بأن العنف ضد الأطفال اصبح لدينا ظاهراً ولن استخدم ظاهرة حتى لا يشن البعض حملاتهم عليّ من منطلق إيمانهم بأننا مجتمع مثالي لا نعّذب أطفالنا، ولا نسيء معاملتهم، ولا نتعمد ايذاءهم نفسياً أو جسدياً.

---

[1] الشبكة العربية لمعلومات حقوق الإنسان ٢٠٠٣ - ٢٠٠٤

الضرب التأديبي للأطفال هل هو إساءة لهم؟[i]

إن الضرب التأديبي هو عدائية بيولوجية مُوجَّهة من أحد الوالدين نحو طفله، تحط من احترام الطفل لذاته، تؤذي حماسه، وتولد الغضب والعصيان وعدم التعاون لديه، فعندما يقوم الطفل بارتكاب خطأ ما، يلجأ الأب أو الأم إلى الصراخ، ومن ثم قد يمتد ذلك إلى الضرب بشكل غريزي، ويتعزز سلوك الأب أو الأم هنا بنصيحة تقليدية، من قِبَل كثير من المتطوعين الذين مارسوا هذا السلوك، أنه علينا أن نضرب الأطفال حتى يُحسنوا سلوكهم.

رعاية الأطفال أمر تمليه الفطرة الإنسانية، لأن الأطفال من أجل نعم اللـه تبارك وتعالى، فهم زينة الحياة الدنيا، ويقول تعالى: ﴿ الْمَالُ وَالْبَنُونَ زِينَةُ الْحَيَاةِ الدُّنْيَا وَالْبَاقِيَاتُ الصَّالِحَاتُ خَيْرٌ عِنْدَ رَبِّكَ ثَوَاباً وَخَيْرٌ أَمَلاً ﴾ سورة الكهف ٤٦، وهم منحة اللـه سبحانه وتعالى وعطاؤه ﴿لِلَّهِ مُلْكُ السَّمَوَاتِ وَالأَرْضِ يَخْلُقُ مَا يَشَاءُ يَهَبُ لِمَنْ يَشَاءُ إِنَاثاً وَيَهَبُ لِمَنْ يَشَاءُ الذُّكُورَ (٤٩) أَوْ يُزَوِّجُهُمْ ذُكْرَاناً وَإِنَاثاً وَيَجْعَلُ مَنْ يَشَاءُ عَقِيماً إِنَّهُ عَلِيمٌ قَدِيرٌ﴾ سورة الشورى ٤٩ و ٥٠ لقد فرضت الشريعة الإسلامية حماية للطفل، تفوق المواثيق الدولية والقوانين الوضعية، من مثل حمايته وهو جنين وهو رضعي وحقه بالإرث وبالاسم، فنحن هنا لا نتكلم عن موضوع مستورد أو بهدف التشبه بالغرب، بل عن موضوع يمس كل طفل في مجتمعنا العربي.

حاجات الطفل تكمن في ضرورة ارتباطه بالوالدين أو أحدهما على الأقل، والنموذج المثالي لمهام الأمومة والأبوة، أن يقوم راعي الطفل بتوفير الحاجات الأساسية من طعام وشراب، ورعاية صحية، وحماية وعطف وحنان، بالإضافة للتشجيع والتعليم

مجلة خطوة العدد ٢٨ - مايو ٢٠٠٨هاني جهشان - استشاري الطب الشرعي – الأردن

الضرب التأديبي هو عدائية بيولوجية مُوجَّهة من أحد الوالدين نحو طفله، تحط من احترام الطفل لذاته، تؤذي حماسه، وتولد الغضب والعصيان وعدم التعاون لديه، فعندما يقوم الطفل بارتكاب خطأ ما، يلجأ الأب أو الأم إلى الصراخ، ومن ثم قد يمتد ذلك إلى الضرب بشكل غريزي، ويتعزز سلوك الأب أو الأم هنا بنصيحة تقليدية، من قِبَل كثير من المتطوعين الذين مارسوا هذا السلوك، أنه علينا أن نضرب الأطفال حتى يُحسنوا سلوكهم.

رعاية الأطفال أمر تمليه الفطرة الإنسانية، لأن الأطفال من أجل نعم الله تبارك وتعالى، فهم زينة الحياة الدنيا، ويقول تعالى: ﴿ الْمَالُ وَالْبَنُونَ زِينَةُ الْحَيَاةِ الدُّنْيَا وَالْبَاقِيَاتُ الصَّالِحَاتُ خَيْرٌ عِنْدَ رَبِّكَ ثَوَاباً وَخَيْرٌ أَمَلاً ﴾ سورة الكهف ٤٦، وهم منحة الله سبحانه وتعالى وعطاؤه ﴿لِلَّهِ مُلْكُ السَّمَوَاتِ وَالأَرْضِ يَخْلُقُ مَا يَشَاءُ يَهَبُ لِمَنْ يَشَاءُ إِنَاثاً وَيَهَبُ لِمَنْ يَشَاءُ الذُّكُورَ (٤٩) أَوْ يُزَوِّجُهُمْ ذُكْرَاناً وَإِنَاثاً وَيَجْعَلُ مَنْ يَشَاءُ عَقِيماً إِنَّهُ عَلِيمٌ قَدِيرٌ﴾ سورة الشورى ٤٩ و ٥٠ لقد فرضت الشريعة الإسلامية حماية للطفل، تفوق المواثيق الدولية والقوانين الوضعية، من مثل حمايته وهو جنين وهو رضعي وحقه بالإرث وبالاسم، فنحن هنا لا نتكلم عن موضوع مستورد أو بهدف التشبه بالغرب، بل عن موضوع يمس كل طفل في مجتمعنا العربي.

حاجات الطفل تكمن في ضرورة ارتباطه بالوالدين أو أحدهما على الأقل، والنموذج المثالي لمهام الأمومة والأبوة، أن يقوم راعي الطفل بتوفير الحاجات الأساسية من طعام وشراب، ورعاية صحية، وحماية وعطف وحنان، بالإضافة للتشجيع والتعليم والضبط والتربية، وكذلك ذلك بما يتناسب مع المراحل المختلفة للطفولة وللمراهقة، وكذا أن يكون الوالدين النموذج السلوكي للطفل في العلاقات وتحديد الهوية

والتفاعل مع الأحداث والمواقف، ونموذجًا للأبوة والأمومة السوية، إلا أن الإساءة للطفل تتولد إذا كان التعامل مع الطفل متناقضًا مع مهام الأمومة والأبوة هذه، ويحكم ذلك اختلاف الثقافات وتفاوت الأزمنة، مما يجعل الإساءة للطفل موجودة في كل المجتمعات والطبقات وفي كل البلاد، وقد تكون من قِبَل الوالدين أو من يقوم مقامهما، وقد تكون بفعل مباشر كالضرب، أو بفعل غير مباشر كالإهمال أو كليهما، وقد تأخذ شكل إساءة جسدية، جنسية، أو عاطفية، ومن الممكن أن تكون منفردة أو مجتمعة، ويرافق أي شكل من أشكال الإساءة الأذى النفسي للطف

ما مدى انتشار الضرب التأديبي والعقاب الجسدي للأطفال

للأسف الشديد, أظهرت دراسات عديدة أن أغلبية الناس يعتقدون أن الضرب التأديبي ليس فقط جيدًا، بل هو أساس لتنشئة الأطفال؛ حيث أن ٩٠% من الآباء يضربون الأطفال لغاية ٥ سنوات بمعدل ٣ مرات أسبوعيًا، وأن ٥٢% من الأطفال الذين أعمارهم ١٣ أو ١٤ سنة يُضربون عادة، وأن ٢٠% من الطلبة في المرحلة الثانوية يضربون عادة من قبل آبائهم. كما وأن ٦٠% من الآباء يضربون أولادهم بالصفع على الوجه أو على اليدين أو المؤخرة وأن ٢٠% يقومون بدفع الطفل أو بحمله من أحد أطرافه بعنف، وأن ١٥% يستخدمون العصا أو أية أداة منزلية لتأديب الطفل، وأن ١٠% منهم يقومون عادة ما بقذف جسم ما، صادف ن يكون بيدهم على الطفل.

ما الحد الفاصل بين تربية وتأديب الطفل وبين الإساءة الجسدية إليه؟

من غير المستطاع تحديد حد فاصل بين تأديب الطفل بالضرب وبين الإساءة الجسدية إليه، وهذا قائم على عدم عدالة هذا السلوك وخلوه من أي منطق عقلاني، فعندما تتولد العدائية البيولوجية، ويقوم شخص بالغ بضرب شخص بالغ آخر، لأي داعٍ كان، وإن كان قريبه أو زوجه، يتفق الجميع على أن هذا فعل متخلف غير

حضاري وهو محرم قانونًا، وإذا قام طفل بضرب شخص بالغ، فبالإضافة لكونه جريمة قانونًا في أغلب الحالات، فهو عيب اجتماعي أن يتطاول الصغير على الكبير، وأن يقوم طفل بضرب طفل آخر، وإن كان شقيقه، فهذا مؤشر على قلة أدبه وعدم تربيته ويستحق كل أنواع العقاب، وأما عندما تتولد العدائية البيولوجية، ويقوم بالغ بضرب طفل، فتنعكس المقاييس وتظهر الازدواجية، ويصبح ذلك تربية وتأديبًا، وقد يسمح لك القانون بذلك .

هل العقاب الجسدي للطفل فعّال؟ وما عواقبه ومضاره.. ومتى يصل إلى درجة الإساءة؟

إن العقاب الجسدي للطفل غير فعّال وهناك عواقب ومضاعفات حقيقية للضرب التأديبي والبحث بها يظهر ما يلي :

أولاً:

- العقاب الجسدي للطفل بكل أشكاله، وبأي مدى لشدته، وبغض النظر عن أي محاولة لتبريره أو تلميعه، هو طريقة غير فعَّاله لتعديل السلوك من الناحية النفسية؛ حيث إن ضرب الطفل قد يجعله يتجنب السلوك السيئ مؤقتًا، إلا أن التزام الطفل بهذا السلوك هو لفترة وجيزة، وسيولد لديه خوف من أن يشاهد وهو يرتكب الخطأ، فيلجأ للقيام به سرًا؛ حيث إن الضرب لن يعلم سلوكًا جديدًا، ولن يعلم السيطرة على النفسي، بل على العكس وعلى المدى البعيد، فإن الضرب سيترك عند الطفل سلوك العصيان وعدم التواصل الحضاري مع الآخرين، وتدني مستوى احترام الذات والكآبة .

- **ثانيًا:**

- التأديب بالضرب هو الطريق لسالك دائمًا باتجاه الإساءة الجسدية للطفل، ولأن الضرب فعَّال بشكل مؤقت، يجعل ذلك الأب أو الأم يضربا بجرعة أشد، كلما عاد الطفل وأخطأ مرة أخرى، وبذلك يصبح العقاب الجسدي هو الاستجابة القياسية للسلوك السيئ، مما يزيد من شدة الضرب ويزيد من تكراره بشكل يتجاوز العرف المقبول عند بعض الأشخاص، وتشير الأبحاث إلى أن ما يزيد على ٨٥% من جميع حالات الإساءة الجسدية للأطفال ناتجه عن فرط التأديب وعن العقاب الجسدي .

- **ثالثًا:**

- يؤدي العقاب الجسدي بالضرب إلى أذى غير متوقع، فالصفع على الوجه قد يؤدي مثلاً إلى ثقب طبلة الأذن،

- ورج الطفل قد يؤدي إلى ارتجاع الدماغ والعمى أو الوفاة، والضرب المباشر وبأي وسيلة كانت قد يضر بالعضلات وبالأعصاب، بالأعضاء التناسلية، أو بالعامود الفقري، وحتى ضرب الأطفال على ظاهر اليدين يؤذي المفاصل والأوعية الدموية الدقيقة، وقد يؤدي إلى حدوث التهاب المفاصل الصغيرة بعد عشرات السنين، وقد ينتج عن سقوط الطفل عند تعرضه للضرب إصابات شديدة في جسمه .

- **رابعًا:**

- الضرب التأديبي هو عملية تدريبية منظمة لتعليم الطفل العنف، حيث يتعلم مبدأ أنه من المقبول أن يستخدم القوي قوته ضد الضعيف، وأنه من الطبيعي أن تحل المشاكل بواسطة العنف، وتتعزز هذه الفكرة بعملية

التكرار من قبل شخص محبوب ومرغوب به، ويؤدي ذلك إلى تولد سلوك تعامل عنفي بين الطفل وأشقائه ومع زملائه في المدرسة، ومع زوجته مستقبلاً ومن ثم مع أطفاله .

- **خامسًا:**

- أثبتت الدراسات أن اللطم أو استخدام القوة على مؤخرة جسم الطفل هو نوع من أنواع الإساءة الجنسية للطفل، التي قد تولد شعورًا بلذة مختلطة بالألم .

- **سادسًا**

- أظهرت الدراسات أيضًا أن هناك زيادة لاحتمالية تولد الشخصية العدائية للمجتمع، الجنوح، والإجرام لدى الأطفال الذين يتعرضون للضرب التأديبي أكثر من غيرهم .

مما سبق يتضح أن العقاب الجسدي للطفل غير فعَّال، ولا يوجد أي حد فاصل بين التأديب الجسدي للطفل وبين الإساءة إليه، وإن أي عنف نحو الطفل، ومهما كانت شدته قليلة، هو تعدٍّ على حقوقه.

هل هناك بديل عن الضرب التأديبي في مجال تربية الطفل؟

هناك بديل دائمًا عن الضرب التأديبي، فعند توفير الوالدان لظروف وقائية مناسبة للطفل مسبقًا، يقلل ذلك احتمالية تعريضه للضرب، وعند توافر هذه الظروف ليس عليك كأب أو أم أن تقول "لا للطفل كل الوقت، وليس على الطفل أن يمر بظروف تغريه لارتكاب الخطأ، بإمكانك أن تكافئ السلوك الجيد للطفل بالمدح وأن تشعره

بذلك بطرق عملية، وكن واقعيًا في توقعاتك من الطفل، وضع أقل عدد ممكن من القواعد، على أن تكون منطقية ومناسبة لعمره.

السيطرة على الغضب بترك المكان:

إذا كنت تشعر بالغضب، وفقدان السيطرة على سلوكك، وتشعر أنك ترغب بضرب أو صفع طفلك، حاول أن تترك المكان المتواجد به الطفل من فورك. إذا كان بالإمكان ذلك، سيطر على مزاجك، وعند دخولك في فترة الهدوء، ستجد الحل البديل، غير العنفي، للتعامل مع المشكلة، فقد يكون مولد الغضب ليس الطفل بل توتر خارجي في المنزل أو في العمل. قد يقوم الآباء بضرب الأطفال عندما لا يصغي الطفل للطلبات المتكررة بتحسين سلوكه، وأخيرًا لا يجد الأب أو الأم مفرًا من ضرب الطفل ليسلك سلوكًا جيدًا، ولكن الحل المثالي هو أن تتواصل مع الطفل بالنظر في عينيه مثلاً، وأخبره بصوت حازم وجملة قصيرة ما تريد منه أن يفعله، كن لطيفًا وحازمًا في الوقت نفسه

استخدم العواقب المنطقية لسلوك الطفل:

أي عَلِّم الطفل تحمل المسئولية فإذا ارتكب خطأ ما، وقمت بضربه، فقد يتعلم الطفل أن لا يعيد ذلك مرة أخرى، هذا يبدو جيدًا، لكن تذكر أن هذا الضرب سيعلم الطفل أيضًا أن يخفي أخطاءه لتجنب تكرار العقاب، أو أن يضع الملامة على أشخاص آخرين، أو قد يعلِّمه الكذب، أو أن يخفي كل ما حدث، أو قد يشعر بذنب كبير أو بغضب شديد، وحتى قد يقوم بالانتقام من والديه بطريقة أو بأخرى، فهناك فرق بين تعديل سلوك الطفل لأنه يخاف من الأب وبين تعديل سلوك الطفل، لأنه يحترم الأب، والمنطقي أن يشارك الطفل في إصلاح العواقب التي نتجت عن فعله، حيث يتغير التركيز من الخطأ بحد ذاته إلى تحمل المسئولية بإصلاح الخطأ، ولا يشعر الطفل بالغضب أو الانتقام، واحترام الطفل لذاته لن يتأثر.

هل الحديث في مجال حماية الطفل من الإساءة يُعتبر تدخلاً في حرية الوالدين وفي حقهما بتربية أولادهما؟

هناك اتفاق على حق الوالدين بتربية الطفل، وعلى واجب الأمومة والأبوة لتلبية حاجاته، مما يعطيه فرصة جيدة للنمو الجسماني، والنضج النفسي والاجتماعي، حتى يتمكن من الاعتماد على نفسه مستقلاً في مستقبل حياته، وقد لا يكون من المتوقع أن يلبي الوالدان احتياجات الأبناء بكل أشكالها في كل الأوقات، ولكن المتوقع، وبشكل مؤكد، أن لا يكون لأي إنسان يعتني بطفل تأثير سلبي على تطوره ونموه، بإساءة استخدام حقه بتربيته، ونرى مما سبق، أن الحديث في مجال إساءة معاملة الأطفال وحمايتهم ليس تدخلاً في حق الوالدين أو واجبهم، بل هو نوع من المشاركة الإيجابية معهما، لضمان تطور ونمو الطفل وحمايته وبالتالي حماية الإنسان والمجتمع

حقائق حول العنف ضد الأطفا ل [1]

كشفت دراسة الأمين العام للأمم المتحدة حول العنف ضد الأطفال، التي تنتظر إلى العنف من منظور حقوق الإنسان والصحة العامة وحماية الطفل، أن العنف منتشر في جميع أنحاء العالم، وأنه يشمل كل البيئات دون استثناء، وهي البيت والأسرة، والمدارس، والبيئات التعليمية، والمؤسسات)الرعائية والقضائية)، ومكان العمل، والمجتمع المحلي.

- [1] مجلة خطوة العدد ٢٨ - مايو ٢٠٠٨
عائدة غربال - خبيرة في حقوق الطفل - تونس

وقد يتصدّر العنف المفرط ضد الأطفال عناوين الصحف، ولكن الدراسة تخلص إلى أن العنف بالنسبة لكثير من الأطفال أمر روتيني، وأنه يشكل جزءًا من واقعهم اليومي.يحظى العنف ضد الأطفال بالقبول المجتمعي محاطًا بالصمت ومختفيًا عن الأنظار أو لا يتم مستواه الحقيقي، إلا أن الإحصاءات الواردة بالتقرير تكشف معطيات خطيرة فعلى سبيل المثال :

تقدر منظمة الصحة العالمية أن قرابة ٥٣٠٠٠ طفل بين سن الولادة والسابقة عشرة، ماتوا في عام ٢٠٠٢ نتيجة للقتل!

وفقًا لآخر تقديرات مكتب العمل الدولي، بلغ عدد الأطفال المنخرطين في أعمال السخرة أو الأرقام ٥,٧ مليون طفل، وعدد العاملين في البغاء، وإنتاج المواد الإباحية 1.8مليونًا، وعدد ضحايا الاتجار ١,٢ مليون طفل في عام ٢٠٠٠.

في ١٦ من البلدان النامية التي تستعرضها دراسة عالمية للصحة في المدارس، تراوحت نسبة الأطفال في سن المدرسة الذين تعرضوا للمضايقات الشفوية أو البدنية في المدرسة خلال الأيام الـ ٣٠ السابقة على المسح ما بين ٢٠ في المائة في بعض البلدان وما تصل نسبته إلى ٦٥ في المائة في بلدان أخرى. قد تتفاوت تأثيرات العنف على الطفل حسب طبيعته وشدّته، إلا أن تداعياته، على الأمدين القصير والبعيد، جسيمة ومدمرة في الكثير من الأحيان، ويمكن للجراح البدنية والعاطفية والنفسية التي يخلّفها العنف أن تترك انعكاسات شديدة الضرر على نماء الطفل وصحته وقدرته على التعلم، ويتبين من بعض الدراسات علاقة التعرّض للعنف في الطفولة بالسلوكيات المضرة بالصحة في المراحل اللاحقة من الحياة، كالتدخين وإدمان الكحول والمخدرات والخمول البدني والسمنة المفرطة، وتسهم هذه السلوكيات بدورها في بعض الأسباب الرئيسية للمرض والوفاة، بما فيها الأورام السرطانية.

وتقول السيدة لوزير أربور، مفوضة الأمم المتحدة السامية لحقوق الإنسان: "إن العنف ضد الأطفال يشكل انتهاكًا لحقوق الإنسان، وهذا واقع مؤرق في مجتمعاتنا. فلا يمكن أبدًا تبريره سواء لأسباب تأديبية أو كتقاليد ثقافية. ولا يوجد شيء مقبول اسمه مستوى "معقول" من العنف ذلك أن إضفاء صيغة الشرعية على العنف ضد الأطفال في سياق من السياقات ينذر بخطر قبوله بصفة عامة.

كما تقول السيدة أن م. فينمان، المديرة التنفيذية لليونيسيف "إن العنف لا يترك أثرًا دائمًا على الأطفال وأسرهم فحسب، وإنما أيضًا على المجتمعات والدول."

ويقول الأستاذ باولو سيرجيو بنهيرو، الخبير المستقل الذي عيّنه الأمين العام لقيادة هذه الدراسة: "إن أفضل طريقة للتعامل مع العنف ضد الأطفال هي وقفة قبل حدوثه. ولكلٍّ منا دور يؤديه في هذا الصدد، ولكن الدول لا بد أن تضطلع بالمسئولية الرئيسية. وهذا يعني حظر جميع أشكال العنف ضد الأطفال أينما حدثت وأيًا كان مرتكبها، وأنه من الضروري إخضاع الأشخاص للمساءلة عن أفعالهم، إلاّ أن إيجاد إطار قانوني قوي لا يقتصر على العقوبات وحدها، بل يشمل توجيه رسالة قوية لا لبس فيها مفادها أن العنف ضد الأطفال ليس مبررًا أبدًا.

وتتفق كل الصكوك الدولية، وخاصة الاتفاقية الدولية لحقوق الطفل، على حق الطفل المطلق في الحماية من العنف ومن جميع أنواع الإساءة البدنية والنفسية، إلا أن واقع الأطفال في العديد من بلدان العالم لاسيما في عالمنا العربي لا يزال في حاجة إلى تضافر الجهود من أجل رفع التحديات وكسر حاجز الصمت إزاء العنف المسلط على الأطفال وجعله عالمًا جديرًا بأطفاله

وسائل الإعلام والعنف ضد الأطفال

لا بد من الإشارة قبل تناول موضوع وسائل الإعلام والعنف ضد الأطفال، إلى علاقته بحقوق الطفل التي تضمنها الاتفاقية الدولية لحقوق الطفل التي تصادقت عليها كافة الدول العربية – عدا الصومال – التي تؤكد في المادة ١٧ على "الوظيفة المهمة التي تؤديها وسائل الإعلام وتضمن إمكانية حصول الطفل على المعلومات والمواد من شتى المصادر الوطنية والدولية. إن حق الطفل في الحصول على المعلومات والترفية والمشاركة لا يجب أن يتم بمعزل عن حقه في الحماية المنصوص عليه بالمادة ١٩ من الاتفاقية. والعنف من خلال وسائل الإعلام أحد أنواع المعلومات الضارة التي يتعرض لها الطفل، وسنكتفي للضرورة المنهجية بالتعرض إلى التليفزيون كأحد الوسائل التي تبث صور العنف والأكثر استهلاكًا من قبل الطفل في سن الطفولة المبكرة إن لم نقل الوسيلة الوحيدة التي يتعاطى معها في جزء أول، ثم إلى دور وسائل الاعلام

تأثير العنف في التليفزيون على الطفل

تلعب وسائل الإعلام دورًا مهمًا في بث العنف في مجتمعاتنا الحديثة ويتعرض الأطفال اليوم إلى كم هائل من الرسائل العنيفة عبر وسائل الإعلام سواء عن طريق الأفلام أو الإعلانات أو ألعاب الفيديو إلا أن التليفزيون أصبح الوسيلة الأكثر تأثيرًا في التنشئة الاجتماعية للطفل وبالتالي الأكثر تأثيرًا وقدرة على إيصال الرسالة الإعلامية والقيام بدور مهم وحيوي في إطار الوسائل التربوية والتثقيفية والترفيهية، وهو من شأنه أن يكمل الدور التربوي للأسرة والمدرسة، وأن يكون وسيطًا تربويًا لبث القيم وتغيير الاتجاهات بما ينعكس سلبًا أو إيجابًا على الأنماط السلوكية السائدة في المجتمع، حسب مضمون الرسالة الإعلامية.

وفي دراسة للاستشاري النفسي د. مروان مطاوع عن تنمية وحماية وتنشئة الإعلام والطفل، أشار إلى أن الإعلام بوسائله وإدارته ومضمونه قد يكون أداءه للتنشئة الإيجابية للطفل وحماية له من أي انحرافات سلوكية أو قيمية، إلا أنه قد يكون ذا تأثير سلبي وخطر على الصحة النفسية والعقلية للطفل .

يختلف تأثير العنف المتلفز على الأطفال حسب عدة متغيرات، ويرتبط هذا التأثير بعوامل عديدة منها عدد الساعات التي يقضيها الطفل في مشاهدة البرامج التلفزية بمفرده أو برفقة عائلته، سن الطفل وجنسه وشخصته، وهل يكتفي الطفل بالمشاهدة أو تتاح له الفرصة لمناقشة ما يراه من مشاهد مع أسرته.

لإعلام في التصدي للعنف ضد الأطفال.

يتميز الطفل في سن الطفولة المبكرة بحبه للحركة والاكتشاف وهو بذلك يميل إلى البرامج التي تتسم بالحركية والفرجوية والموسيقى، ويبدأ الأطفال في هذه السن باكتشاف العالم عن طريق التليفزيون، وتعرض الأطفال في هذه السن إلى مشاهد العنف يجعلهم يشعرون بالخوف، فهم غير قادرين على التفريق بين الواقع والخيال ولا يفهمون جيدًا ما يرون حتى أنهم يعتقدون أن الومضات الإشهارية جزء من البرنامج الذي يشاهدونه.

خلصت دراسة تم إنجازها في كندا إلى أن أفلام الكرتون تحتوي على أكثر مشاهد عنف بخمس مرات من البرامج العادية، وأن الأطفال يصابون بالخوف أمام المشاهد الحقيقية للعنف إلا أن مشاهدة أفلام الكرتون تجعلهم أكثر ممارسة للعنف في لعبهم.

وقد بينت البحوث أن رد فعل الطفل إزاء مشاهدته للعنف على الشاشة يمكن أن يكون من ثلاثة أنواع :

الخوف: يمكن أن يؤدي التعرض إلى مشاهد أو رسائل عنيفة إلى تنامي الشعور بالخوف لدى الأطفال وفقدان الثقة بالمحيطين بهم. والرد العدواني التلقائي. ويشعر الأطفال في سن الطفولة المبكرة بالرعب لمشاهدة الكوارث الطبيعية والحروب، حيث يعتقدون أن الأحداث تدور في أماكن قريبة منهم، ويمكن أن تلحق الضرر بهم وبأقربائهم .

العلاقة بين مشاهدة العنف والسلوك العدائي لدى الطفل :

بينت العديد من الأبحاث أن رؤية المشاهد التي تتسم بالعنف في التليفزيون سواء في البرامج أو أفلام الكرتون أو أفلام أو الحوادث والحروب والكوارث الطبيعية تزيد من درجة العدوانية لدى الأطفال وتسبب لهم اضطرابات نفسية.

وتبين الدراسات أن الذكور تعرضًا للتأثيرات السلبية للعنف المتلفز من الإناث، من حيث تنامي السلوك العدواني لديهم.

العنف المتلفز كسلوك اجتماعي وفردي مقبول :

يشكل التعرض المفرط إلى مشاهد العنف من خلال الشاشة عاملاً في اتجاه التعود على السلوك العدواني والعنيف واستساغته وعدم الوعي بخطورة النتائج المنجزة. فالأطفال يميلون إلى تصديق ما يرونه على خاصة عندما يرتبط العنف بمواقف هزلية أو يصور المتعاطي للعنف كبطل ينتصر على الأشرار، مما يؤدي إلى تضارب القيم لدى الأطفال المتعلقة بالعدالة والمساواة والحق.

حماية الأطفال من العنف التلفزي :

تتخذ حماية الأطفال من العنف التلفزي عدة أشكال، ولا تقتصر على الرقابة الأسرية على البرامج التلفزية التي يشاهدها الطفل، بل تتعدى ذلك إلى التربية على الإعلام، وتنمية قدرات الطفل على التعامل الإيجابي مع وسائل الإعلام والمشاهدة

السليمة للبرامج التلفزية التي ترتبط باختيار البرامج جيدة النوعية من طرف الأهل ومشاركة أبنائهم فيها كلما أمكن ذلك، وتحديد المساحة الزمنية اليومية المخصصة لذلك والتي ينصح المختصون بأن لا تتجاوز الساعة أو الساعتين.

فالأولياء، بمشاركتهم متابعة البرامج التلفزية مع الأطفال يستطيعون استغلال المحتويات لمناقشة بعض المواضيع، كما يمكنهم مساعدة الأطفال على التعبير عن أحاسيسهم، وإبداء آرائهم حول البرامج التي يشاهدونها وتنمية قدرتهم على التفكير، ومشاهدة التلفزة ليست بالضرورة نشاطًا للتلقي فقط، بل تمكن من إثارة تساؤلات وفضول الطفل، وبالتالي إيجاد أفكار لأنشطة يمكن القيام بها عبد الانتهاء من المشاهدة لتنمية قدراته البدنية أو الذهنية.ومن الضروري أن تضطلع رياض الأطفال بدورها في حماية الطفل من العنف الذي تتضمنه البرامج التلفزية من خلال اختيار البرامج الجيدة وذات الأهداف التربوية، ومساعدته على الاستفادة من المنافع والفرص الجيدة للتعلم التي يمكن أن تتيحها.

دور وسائل الإعلام في التصدي للعنف :

يتنزل الإعلام في الخط الأول في التصدي للعنف المسلط على الأطفال باعتبار دوره إثارة الاهتمام بالعنف ضد الأطفال بالسعي إلى تغطية القضية فالصحافيون والمصورون والمخرجون هم أعين وآذان المجتمع في توجيه نظرة الرأي إلى مختلف القضايا، ويتمثل دورهم الأساسي في تسليط الضوء على انتهاكات حقوق الإنسان، ودعوة الحكومات إلى سن القوانين والتشريعات والمجتمع المدني إلى أداء دوره ورفع الوعي المجتمعي وتغيير المواقف والسلوكيات من أجل القضاء على العنف ضد الأطفال.

بالرغم من المسئولية الجسيمة المحمولة على عاتق وسائل الإعلام في هذا الشأن، فقد بينت الدراسات أن تغطية الإعلام للأحداث يتم من خلال التركيز على حالات شديدة التأثير ولكنها فردية وشاذة قد تأخذ منحنى لاستغلال هذه الحالات في تحريك المشاعر والإثارة أكثر من التركيز الموضوعي وعلى أسبابها وتداعياتها، مما يجعل المشاهدين يعتقدون أنها ليست ظواهر اجتماعية تهمهم بشكل مباشر، وأن المجتمع بأسره مسئول عن التصدي لها والقضاء عليها.

الشاشة دون التفريق بين الحقيقة والخيال، وفي هذا الشأن يجب أن تضطلع وسائل الإعلام بدورها في نشر ثقافة حقوق الطفل بالمضمون والأساليب الملائمة، واعتبار موضوع انتهاك حقوق الأطفال والقضايا المتعلقة بالعنف والإساءة والاستغلال، مسائل مهمة تستحق التقصي والتحقيق والطرح للمناقشة العامة باعتبارها تهم الشأن العام.

ونظرًا لتنامي مكانة الإعلام وتأثيره في توجيه السياسات، فإنه بمقدوره كسلطة رابعة دعوة الحكومات إلى تطبيق الاتفاقية الدولية لحقوق الطفل وإصدار القوانين والتشريعات التي تحمي الأطفال من العنف وتجرم المعتدين وتفعيلها والعمل على وضع السياسات والبرامج العلاجية والوقائية والعمل مع المنظمات غير الحكومية والأشخاص المؤثرين لجمع المعلومات.

وسواء كانت البرامج التلفزية فإن أهم الرسائل التي يجب أن تحملها للتصدي للعنف ضد الأطفال هي أن الطفل إنسان له حقوق وله الحق في الحماية من الإساءة وسوء المعاملة وهو مدين بذلك للمجتمع بأسره مع التأكيد على أن العنف ضد الأطفال غير مقبول أخلاقيًا ويمس من كرامتهم الإنسانية ويعاقب عليه القانون وعلى أن العنف ضد الأطفال ينتج متجمعًا عنيفًا (تنامى الانحرافات السلوكية؟ الأمراض النفسية / الجريمة). وجعل المجتمع خاليًا من العنف ضد الأطفال أمر قابل للتحقيق

والمسئولية جماعية في هذا الشأن. وبغض النظر عن سياسات القنوات التلفزية التي أصبح يحكمها المادي أو الترويج لاتجاهات سياسية معينة، فالاستثمار في الأطفال يجب أن يكون توجهًا استراتيجيًا باعتباره استثمارًا في مستقبل الشعوب وتبعًا لذلك فإن وسائل الإعلام مدعوة إلى إنتاج البرامج والمواد الإعلامية ذات النوعية الجيدة الموجهة لتربية الأطفال على السلم واللاعنف والتسامح والتفتح على الثقافات مع ترسيخ الاعتزاز بالانتماء العربي الإسلامي والأخذ بعين الاعتبار مشاركة الأطفال وإتاحة الفرصة لهم للتعبير عن آرائهم والتطرق إلى موضوع العنف من خلال وجهة نظر الطفل.

إن التعاطي الإعلامي مع قضايا الأطفال بشكل عام، والعنف ضد الأطفال بشكل خاص، يستوجب أن يضع معدو البرامج ومقدموها في اعتبارهم الأول أن تكون مختلف البرامج مبنية على احترام جملة المبادئ العامة المنصوص عليها في اتفاقية حقوق الطفل وخاصة مصلحة الطفل الفضلى وحقه في عدم التمييز والبقاء والنماء والمشاركة وحمايته من التعرض التعسفي أو غير القانوني في حياته الخاصة أو أسرته أو منزله ولا أي مساس غير قانوني بشرفه.

ومن هذا المنطلق فإن البرامج الإعلامية من تحقيقات وحوارات وغيرها حول قضايا الأطفال يجب أن تحكمها أخلاقيات مهنة الإعلام بشكل عام وأخلاقيات الإعلام في مجال الطفولة بشكل خاص. وقد تعرضت العديد من المنظمات مثل منظمة اليونيسيف والاتحاد الدولي للصحافيين إلى المساءلة وأصدرت توجيهات إرشادية ومبادئ توجيهية لتغطية القضايا التي تشمل الأطفال والتي يجب أن يستأنس بها العاملون في القطاع الإعلامي.

ومهما يكن من أمر، فإن قيام وسائل العلام بدورها في نشر الوعي بحقوق الطفل وتغيير العقليات والسلوكيات من أجل القضاء على العنف ضد الأطفال، ولا بد من

رفع قدرات العاملين في المجال الإعلامي وتدريبهم وإكسابهم المعارف والمهارات اللازمة والتزام القنوات التلفزية بإنتاج برامج تسهم في تمكين الأطفال من التمتع ببداية طيبة في الحياة في عالمٍ جدير بهم والاضطرابات التي يكون لها أساس عضوي واضح، وكذلك فإنه فيما يتعلق بالأطفال المعوقين، فإن استجابة الأسرة للإعاقة ومدى تقبلها يكون له تأثير كبير جدًّا على الطفل المعوق يفوق التأثير السلبي الذي تحدثه الإعاقة. وبالتالي فلم يجد المعالجون والمرشدون بُدًّا من التفاعل مع الأسرة على نحو أكثر كثافة وعمقًا من حيث التشخيص وفهم الاضطراب ومن حيث رسم خطة العلاج أو الإرشاد.

والحقيقة أن تعامل المعالجين والمرشدين مع الأسرة مر بثلاث مراحل مميزة. كانت الأسرة في المرحلة الأولى مصدرًا للمعلومات؛ حيث يسأل المعالج أو المرشد الأم أو الأب عن بعض المعلومات عن الطفل، ومتى فُطم ومتى تم ضبط عملية التبول والتبرز، وما كانت ردود فعله أثناء تعليمه هذه العادات وأسلوب تنشئته بصفة عامة. والمرحلة الثانية عوملت الأسرة كأحد العوامل المهمة والمؤثرة في نمو واضطراب الطفل، والمرحلة الثالثة والأخيرة، هي الإرشاد والعلاج النفسي الأسري، وأصبح ينظر إلى الأسرة باعتبارها الكيان المستهدف للإرشاد والعلاج وليس الطفل أو أي فرد في الأسرة. فالطفل هو ضحية الأسرة ومن يحتاج إلى المعالجات والإرشاد هو الأسرة وليس الطفل، أو أن يتم إرشاد علاج الطفل على الأقل في إطار إرشاد وعلاج الأسرة. وأي جهد علاجي أو إرشادي يبذل مع الطفل بعيدًا عن الأسرة لا طائل من ورائه ولا فائدة حقيقية تُرجى منه،،

. الإرشاد الأسري: تطور ومنطلقات

الإرشاد النفسي أحد قنوات الخدمة النفسية، التي تُقدم للأفراد أو الجماعات بهدف التغلب على بعض الصعوبات التي تعترض سبيل الفرد أو الجماعة وتفوق توافقهم وإنتاجيتهم. وفي معظم الحالات توجه خدمات الإرشاد النفسي إلى الأفراد والجماعات الذين ما زالوا قائمين في المجال غير السوي ولكنهم مع ذلك يواجهون مشكلات لها صبغة انفعالية حادة، أو تتصف بدرجة من التعقيد والشدة عند مواجهة هذه المشكلات بدون عون أو مساعدة من الخارج، مثلما يحدث للأطفال الذين يتعرضون للعنف والإساءة.

ولأن العملية الإرشادية تقوم على زيادة استبعاد الفرد، فإنها تؤكد بذلك عملية التعليم من حيث اهتمامها بتعديل أفكار الأفراد ومشاعرهم وسلوكهم نحو ذواتهم ونحو الآخرين ونحو العالم الذي يعيشون فيه. ومن هنا نقول إن الفرد الذي يُمد بخبرة إرشاد نفسي ناجحة؛ يمر بخبرة نمو وارتقا نفسي في الوقت ذاته.

وقد نشأ الإرشاد النفسي في أحضان حركة التوجيه المهني والتربية المهنية، وعلى الأصح فقد نشأن من التقاء هذه الحركة مع تيارات وحركات أخرى متمثلة في العلاج النفسي والخدمة النفسية. ولقد كان للحرب العالمية الأولى (١٩١٤ – ١٩١٨). وكذلك الحرب العالمية الثانية (١٩٣٩ – ١٩٤٥) وما حدث بينهما من أزمات اقتصادية وتدخل حكومي، تأثير هائل في تطور الخدمات النفسية وعلى رأسها الإرشاد النفسي، خاصة في مجال المواد والأدوات وكيفية استخدامها.

وقد تأسس الإرشاد النفسي وتأثرت مكانته ووظيفته كخدمة نفسية بظهور علماء أمثال "كارل روجرز" صاحب توجه الإرشاد النفسي غير المباشر الذي يتسق مع التوجهات الديمقراطية، ويعطي العميل الحرية كما يحمله المسئولية، وتنحصر مهمة الإرشاد في مساعدة العميل على الاستشعار بذاته ومشاعره وأفكاره، والعمل على

إتاحة أكبر عدد ممكن من البدائل يختار من بينها العملين وعلى م وشيئًا فشيئًا اكتشف المعالجون والمرشدون على السواء في ممارستهم أن الأسرة عنصر أساسي في كل المشكلات السلوكية والاضطرابات النفسية، حتى في المشكلات والاضطرابات التي يكون لها أساس عضوي واضح، وكذلك فإنه فيما يتعلق بالأطفال المعوقين، فإن استجابة الأسرة للإعاقة ومدى تقبلها يكون له تأثير كبير جدًا على الطفل المعوق يفوق التأثير السلبي الذي تحدثه الإعاقة. وبالتالي فلم يجد المعالجون والمرشدون بُدًا من التفاعل مع الأسرة على نحو أكثر كثافة وعمقًا من حيث التشخيص وفهم الاضطراب ومن حيث رسم خطة العلاج أو الإرشاد.

والحقيقة أن تعامل المعالجين والمرشدين مع الأسرة مر بثلاث مراحل مميزة. كانت الأسرة في المرحلة الأولى مصدرًا للمعلومات؛ حيث يسأل المعالج أو المرشد الأم أو الأب عن بعض المعلومات عن الطفل، ومتى فُطم ومتى تم ضبط عملية التبول والتبرز، وما كانت ردود فعله أثناء تعليمه هذه العادات وأسلوب تنشئته بصفة عامة. والمرحلة الثانية عوملت الأسرة كأحد العوامل المهمة والمؤثرة في نمو واضطراب الطفل، والمرحلة الثالثة والأخيرة، هي الإرشاد والعلاج النفسي الأسري، وأصبح ينظر إلى الأسرة باعتبارها الكيان المستهدف للإرشاد والعلاج وليس الطفل أو أي فرد في الأسرة. فالطفل هو ضحية الأسرة ومن يحتاج إلى المعالجات والإرشاد هو الأسرة وليس الطفل، أو أن يتم إرشاد علاج الطفل على الأقل في إطار إرشاد وعلاج الأسرة. وأي جهد علاجي أو إرشادي يبذل مع الطفل بعيدًا عن الأسرة لا طائل من ورائه ولا فائدة حقيقية تُرجى منه، مما سنوضحه بشكل أكبر في الفقرة التالية:

-لماذا كان الإرشاد الأسري أنسب الأساليب لمواجهة العنف ضد الطفل؟

2-1 قيمة الإرشاد الأسري وإمكانياته::

ينطلق الإرشاد الأسري من حقيقة يُسلّم بها المرشدون النفسيون، وهي أن الأسرة هي الوحدة التي تحتاج إلى الخدمة النفسية، وليس أحد أعضائها فقط، وأن مرض العضو الذي حددته الأسرة كمريض أو كمضطرب، ليس إلا أحد أعراض ضعف الأسرة واختلال أداء الوظائف فيها، والعضو الذي أفصحت الأسرة من خلاله عن اضطرابها عادة ما يكون أضعف الحلقات فيها .

لقد وضح جليًا أمام المنظرين والممارسين على السواء في مجال العلاج النفسي والإرشاد النفسي، أن الأسرة ليست عاملاً مهمًا فقط في نشأة الاضطراب والمرض عند أي فرد من أفراد الأسرة، ولكنها عامل حاكم وأكثر مما كان يظن. ورغم أن العوامل الوراثية كلها تتم في أحضان الأسرة، فإننا عندما نتحدث عن الأسرة كعامل بيئي، حتى في الإطار (البيئي) (عامل بيئي مهم، بل أهم العوامل فيما يتعلق بالجوانب الوجدانية والاجتماعية والخلقية.

وبدأت الأسرة تُعتبر كعامل حاكم في نشأة المرض ونموه، مع نهاية العقد الثالث من القرن العشرين، وربما كان المقال الذي نشره "ناثان أكرمان" عام ١٩٣٧

بعنوان "الأسرة كوحدة اجتماعية انفعالية" هي البداية الأولى لعلاج الأسرة وإرشادها ومن أجل ذلك يعتبر المؤرخون لحركة الإرشاد الأسري وعلاج الأسرة "أكرمان" الجد الأول لهذه الحركة.

وتأكد للرواد من المعالجين والمرشدين النفسيين أنه من الصعب انتزاع الفرد المسترشد من سياقه الأسري، وإرشاده بعيدًا عن أسرته، وعودته مرة أخرى إلى

الأسرة التي كانت أحد العوامل الأساسية الفاعلة في انحرافه واضطرابه دون أن يحدث فيها أي تغيير.

فالمنطق يحكم في هذه الحالة، أنه إذا كانت الأسرة ضالعة في نشأة اضطراب الفرد؛ فإنه لا ينبغي حتى الإرشاد والعلاج، بل يجب أن تكون حاضرة ومشاركه حتى يحدث في بنائها وفي أساليب تفاعلها التغيير المطلوب في الاتجاه السوي لتواكب وتُعزز التحسن الذي يفترض أن يحدث عند عضو الأسرة.

وقد كان التحول في حركة الإرشاد والعلاج النفسي بصفة عامة نحو الأسرة استجابة لأوجه القصور التي اكتشفت في التوجهات العلاجية والإرشادية الأخرى. وقد كتب مدير مؤسسة العلاج العقلاني الانفعالي في فرجينيا بالولايات المتحدة الأمريكية، وهو أحد مؤرخي الإرشاد والعلاج النفسي "أنه خلال الستينيات والسبعينيات – من القرن العشرين – كانت المداخل العلاجية النفسية التقليدية تواجه بسيل عنيف من الانتقادات المريرة من المنظرين والممارسين على السواء، لأنهم تركوا العلاج النفسي في حالة كاملة من الخلط ويؤكد هذه الشهادات مؤرخ آخر وهو من يرعى علاج الأسرة في واشنطن عندما يقول أن التغييرات السريعة تجعل الأسرة تبحث عن النصح والتوجيه عند ذوي الخبرة. وينبه إلى أن هذه التغيرات المتلاحقة تؤثر على الأسرة وبالتالي على أفرادها. وهذا ما ينبغي أن يضعه المعالجون والمرشدون في اعتبارهم إذا كان لهم أن ينجحوا في علاج مسترشديهم ومرضاهم.

2-ب- قيمة الإرشاد الأسري لمواجهة مشكلة العنف ضد الأطفال بصفة خاصة:

إن أهمية الإرشاد الأسري دون غيره من التوجهات الإرشادية الأخرى تقوم على حقيقة بسيطة، وهي أن الأسرة في معظم الحالات هي مصدر العنف والإساءة ضد

الطفل، فالعنف الجسمي في الغالبية العظمى منه مصدره الآباء، وقليل منه مصدره المعلمون عندما يلتحق الطفل بالمدرسة، وإن كانت التشريعات والتوجهات الحديثة لوزارة التربية تمنع ضرب التلاميذ في المدارس أيًا كانت الأسباب، أما الآباء فهم مستمرون في عنفهم ضد أبنائهم وبعضهم لا يعرف الحدود بين التأديب والعنف وبين التربية والتنشئة، وتعليم النظام أو بين الإهانة والإيذاء والإساءة، وبالتالي فهم باسم التربية ينتهكون حرية الطفل ويؤذون مشاعره ويحطون من قدره وكرامته.

وكذلك فالعنف المتمثل في الإهانة أو العنف الانفعالي والذي يتألف من الدرجات العالية من اللوم والتقريع والتأنيب والسخرية والتهكم والمقارنة بين الطفل وغيره، عندما تكون المقارنة في غير صالحه، وغيرها من الأساليب التي من شأنها أن تسبب الألم النفسي وتثير الإثم والذنب. وهذه الممارسات لا تقوم بها الأسرة، خاصة الأم التي لا تلجأ إلى العقاب البدني الذي يلجأ إليه الوالد بشكل أكبر – ولكن تلجأ إلى أساليب الإيذاء الانفعالي.

وما يقال عن الإساءتين السابقتين يقال عن الإساءة أو العنف الجنسي، فكثيرًا ما يكون المعتدي من داخل الأسرة، وإن كانت هذه الإساءة لا تظهر في الإحصاءات بحجمها الطبيعي، وهو أمر مفهوم، لأن الأسرة تتجنب الفضيحة للطفل المعتدى عليه وللشخص المعتدي ما دام من أفراد الأسرة. ولكن آثار هذا العدوان على الطفل وخيمة إلى أقصى الحدود.

أما إساءة الإهمال أو العنف السلبي، فكثيرًا ما يرتكبه الآباء غافلين أحيانًا عن خطورة هذا الأسلوب ومجبرين أو مضطرين أحيانًا أخرى بحكم انشغالهم في تدبير أمور حياتهم المعيشية بجاب نقص الوعي التربوي أيضًا، والإهمال يكاد يكون، هو الأسلوب الشائع عند الطبقات الدنيا بحكم نقص الوعي التربوي، وهو يشيع أيضًا

بين كثير من أسر الطبقة الوسطى بسبب ما ذكرناه من انشغال الآباء في العمل للوفاء بمتطلبات الحياة واحتياجاتها.

أما فيما يتعلق بالعنف المتمثل في دفع الطفل إلى سوق العمل وهو بعد طفل لا يتحمل مثل هذه المواقف الخشنة والقاسية التي يتضمنها سوق العمل؛ فإن الأسرة هي التي تدفع الطفل إلى هذا الجحيم وتحرمه من التعليم لتدفع به إلى هذا المصير وهي التي تسرق طفولته وتُحَمله ما لا يطيق من ضغوط ومؤثرات.

ونحن نعرض هنا ما يتعرض له الطفل بسبب الأسرة من عنف وإساءة، بصرف النظر عن ظروف الأسرة الاقتصادية، واختيارها أن يكون حل مشكلتها الاقتصادية على حساب أطفالها، فالآثار السلبية تحدث للطفل أيًا كانت دوافع الأسرة في سلوكها.

وهكذا يظهر أن الأسرة هي مصدر العنف والعدوان الأول على الطفل، وبالتالي فإن انسب الأساليب والتوجهات الإرشادية هي التوجهات التي تُضمن الأسرة عمليات الإرشاد، وترى أن الإرشاد لا ينجح إلا إذا طال التعبير الأسرة في رؤيتها للأمور، وفي أساليب تنشئة أطفالها وفي تبني وجهات نظر جديدة تتمثل في ضرورة احترام شخصية الطفل والحفاظ على كرامته والعمل على أن يحسن تقدير ذاته، وأن تُصان طفولته ليكون سبيلاً طبيعيًا لشخصية راشدة ناضجة تتحمل مسئولياتها الشخصية وتشارك في تحمل المسئوليات الاجتماعية عن رضا واقتناع وفهم، وليكن راشدًا سعيدًا في مجتمع متماسك.

بعض توجهات الإرشاد الأسري في مواجهة العنف ضد الأطفال:

إذا كانت الأسرة هي العامل الأساسي وراء أي اضطراب أو خطر يتعرض له الطفل، فإنه من الطبيعي أن يكون الجهد الإرشادي الأساسي يُوجَّه نحو الأسرة والوالدين والأخوة الأكبر بصفة خاصة، وهذا لا يعني أن كل الجهد الإرشادي

سَيُوجَّه إلى الأسر بصفه عامة، ويهمل الطفل المعتدى عليه، بل أن يوجه إليه بعض الجهد "لترميم الشروخات" و "لتضميد الجراح" التي أصابته نتيجة العنف الذي مُورس ضده.

3/1الإرشاد الأسري مع الوالدين والأسرة :

كون الجهد الإرشادي الأساسي يوجَّه إلى الوالدين فهذا أمر طبيعي، لأن الوالد الذي لا يرى الحد بين التأديب والضرب المفضي إلى إصابة، متجاهلاً ومتخطيًا بذلك مشاعر الأبوة وقيم الإحسان إلى الصغير والضعيف، خاصة إذا كان هذا الضعف هو ابنه، هذا الوالد بلا شك لديه حاجات منحرفة أو لديه نموذج داخلي يتضمن أن هذه التربية القاسية أو الخشنة هي التربية النموذجية التي من شأنها أن تخلق رجلاً. وأغلب الظن أن هذا الوالد قد تعرض في طفولته إلى مثل هذه المعاملة، وهو يكررها بفعل النموذج الداخلي الموجه للسلوك.

كذلك فإن الأم زائدة التأنيب لأطفالها واللوامة لهم دائمًا والمهينة لهم في معظم المواقف، لأنها تعتمد هذا الأسلوب في تنشئتها لهم، فإنها غالبًا ما تفعل ذلك استجابة لنموذج داخلي لديها خبرته في طفولتها، وتأكد مما رأته في بيئتها ووسطها الذي تعيش فيه

ومما لا شك فيه أن الطفل الذي سيتعرض لاعتداء جنسي من أحد أقربائه من العائلة - وإن كانت هذه الحالات قليلة في مجتمعنا - فإن هذا القريب لدَيه حاجات منحرفة، خاصة إذا كان متزوجًا، مما يشير إلى اضطراب العلاقات داخل النمط الأسري، خاصة بينه وبين زوجته وفي علاقتهما الخاصة على وجه التحديد. وهكذا يتضح لنا أن العنف ضد الطفل والذي يوجه إليه في معظم الحالات من الأسرة، لا بد أن يواجه من خلال مواجهة الأسرة نفسها فالأسرة هي الطرف الجاني أو على

الأصح هي الطرف المنحرف وما العنف ضد الطفل إلا نتيجة لانحراف الأسرة وعرض من أعراض اضطرابها وخلل أداء الوظائف فيها.

وعلى هذا فإن الإرشاد الأسري يُركِّز على دراسة شخصيات الآباء وطريقتهم في إشباع حاجاتهم والظروف التي اكتنفت تكوين عاداتهم السلوكية،ويعمل على تعديل هذا السلوك بإضعافه وإحلال عادات سلوكية مكانه، ويستفيد من ذلك بمختلف الاستراتيجيات المعرفية والسلوكية، وعلى رأسها تغيير قناعات الوالدين وتصحيح مفاهيمها الخاطئة في التربية، وإذا ما اقتنعنا بخطأ أفكارهما تتعدل أساليبهما السلوكية في تنشئة أبنائهما في الاتجاه الصحيح، كما يذهب إلى ذلك أصحاب الإرشاد العقلاني الانفعالي .

وينبغي أن ينصب تصحيح الأفكار والمفاهيم الخاطئة وتعديل السلوك بالدرجة الأولى على بيان:

- الأساليب الصحيحة - تربويًا ونفسيًا - في تنشئة الطفل .
- حاجات الطفل النفسية، خاصة الحاجات الوجدانية والانفعالية والاجتماعية والحركية .
- حاجات الأطفال لا تنحصر في الغذاء والكساء .
- معرفة الأساليب الخاطئة في التنشئة ومحاولة تجنبها .
- زيادة التواصل اللفظي يبين الزوجين وبين أفراد الأسرة، مما يصحح كثيرًا من العلاقات الخاطئة، والتفاعل غير السوي بين الوالدين بعضهما وعلاقاتهما
- مع بقية أفراد الأسرة .

- قيمة مساعدة الطفل على أن يبني مفهوم ذات إيجابي .
- أهمية الحفاظ على كرامة الطفل واحترامه لذاته .

3/2الإرشاد الأسري للطفل المستهدف للعنف هذا على الجبهة الأساسية وهي جبهة الأسرة والولدين. أما جبهة الطفل المعتدى عليه والذي مورس ضده صورة من صور العنف فإن الإرشاد يوليه رعاية خاصة حتى يعوضه عن الآثار السلبية التي نتجت عن الخبرات السيئة التي مر بها، ومن أهم ما يقوم الإرشاد الأسري للطفل في هذه الحالة.

- علاج الاحتضانHolding therapy ، وهو علاج طَّوره بعض المرشدين ليستشعر الطفل الأمان الذي طالما افتقده، ويقوم هذا العلاج حسب نظام معين يتوقف على سن الطفل ونوع العنف الذي تعرض له .
- توفير مواقف إثارة ذهنية مناسبة للطفل حتى نُعوَّض الطفل عن اقتصاد القيمة الذهنية المبكرة للقدرات العنيفة في إطار العلاقات الآمنة بين الطفل ووالديه .
- العلاج والإرشاد النفسي الارتقائي الشفائي يهدف إلى أن يجعل الطفل يعيش مع والده الخبرة السابقة نفسها، والتي كانت صارمة ولكنها الآن تتم في إطار مختلف تمامًا بعد تعديل اتجاهات الوالد، وترميم خبرة الطفل الوجدانية؛ حيث يمثل الوالد
- هنا قاعدة للأمن والأمان بعد أن كان مصدرًا للخوف والتهديد .
- احتواء وتفعيل السلوكيات الانفجارية، والتعرف بدلاً من ذلك على العواطف والتعبير عنها لفظيًا .

- تيسير وصف الصدمات السابقة والأحاسيس المرتبطة بها بما في ذلك الخوف والغضب والحزن والهلع، حتى تذهب حساسيتها .

- يهدف هذا الإرشاد في النهاية إلى خلق تجربة عاطفية تصحيحية تقارب تلك التي كان من المفترض أن تحدث خلال السنوات الأولى من عمر الطفل، وينبغي التركيز في عملية الإرشاد الأسري - في هذه الحالات - على تقدم التعلُق الآمن وغير المسيء، لأنه الأسلوب الذي يساعد على البدء في تفعيل سلوكيات تعليقية أكثر ثباتًا وأمانًا .المصدر

- مجلة خطوة العدد ٢٨ - مايو ٢٠٠٨

- أ. د. علاء الدين كفافي - أستاذ الإرشاد النفسي والصحة النفسية - جامعة القاهرة -مصر

أهم المصادر

١- د. أمل سالم العواودة، العنف ضد المرأة العاملة في القطاع الصحي، اليازوري للنشر والتوزيع، عمان ٢٠٠٩.

٢- د. بنه بوزبون، العنف الأسري وخصوصية الظاهرة البحرينية، المركز الوطني للدراسات، ٢٠٠٤.

٣- د. سهيلة محمود بنات، العنف ضد المرأة، أسبابه وأثاره وكيفية علاجه، دجلة والمعتز للنشر والتوزيع، عمان، ط ١، ٢٠٠٨.

٤- د. طه عبد العظيم حسين، سيكولوجية العنف العائلي والمدرسي، دار الجامعة الجديدة، الإسكندرية، ٢٠٠٧.

٥- العقيد هاني حمدان عبد الجواد والمقدم د. محمد الطراونة، المشروعات البحثية المدعومة، خصائص ضحايا ومرتكبي العنف الأسري في الأردن، دراسة ميدانية تحليلية. عمان.

٦- جمال الدين محمد بن بكر الأنصاري، لسان العرب، ج ١، المؤسسة المصرية العامة للتأليف والأنباء والنشر.

٧- يوسف القرضاوي، الإسلام والعنف، دار الشروق القاهرة، ط١، ٢٠٠٥.

٨- د.ليلى عبدالوهاب ، العنف الاسري، والجريمة والعنف ضد المرأة ، دار المدى دمشق ٢٠٠٠ .

٩- د. امل سالم العواودة ، العنف ضد الزوجة في المجتمع الاردني ، ط ٢٠٠٢

١٠- دارة الغضب / سهيل موسى شوافقه

١١- مجلة خطوة العدد ٢٨ - مايو ٢٠٠٨ -1

Printed in the United States
By Bookmasters